ミネルヴァ日本評伝選

もとの姿はかわらざりけり

山岡鉄舟・高橋泥舟

岩下哲典 著

ミネルヴァ書房

刊行の趣意

「学問は歴史に極まり候ことに候」とは、先哲荻生徂徠のことばである。

歴史のなかにこそ人間の智恵は宿されている。人間の愚かさもそこにはあらわだ。この歴史を探り、歴史に学んでこそ、人間はようやくみずからの正体を知り、いくらかは賢くなることができる。新しい勇気を得て未来に向かうことができる。徂徠はそう言いたかったのだろう。

「ミネルヴァ日本評伝選」は、私たちの直接の先人について、この人間知を学びなおそうという試みである。日本列島の過去に生きた人々の言行を、深く、くわしく探って、そこに現代への批判を聴きとろうとする試みである。日本人ばかりではない。列島の歴史にかかわった多くの異国の人々の声にも耳を傾けよう。

先人たちの書き残した文章をそのひだにまで立ち入って読み、彼らの旅した跡をたどりなおし、彼らのなしとげた事業を広い文脈のなかで注意深く観察しなおす――そのとき、はじめて先人たちはいまの私たちのかたわらによみがえってくる。彼らのなまの声で歴史の智恵を、また人間であることのよろこびと苦しみを、私たちに伝えてくれもするだろう。

この「評伝選」のつらなりのなかから、列島の歴史はおのずからその複雑さと奥ゆきの深さをもって浮かび上がってくるはずだ。これを読むとき、私たちのなかに新たな自信と勇気が湧いてきて、その矜持と勇気をもって「グローバリゼーション」の世紀に立ち向かってゆくことができる――そのような「ミネルヴァ日本評伝選」にしたいと、私たちは願っている。

平成十五年（二〇〇三）九月

上横手雅敬
芳賀　徹

明治期の山岡鉄舟

明治期の高橋泥舟

山岡鉄舟筆　富士画賛

「晴てよし　曇りてもよし　不二の山
元の姿は　かはらさりけり」

高橋泥舟筆　土の舟画賛

「狸には　あらぬ我身も　つちの船
こき出さぬか　かちかちの山」

はしがき

世にいわゆる「幕末三舟」の三幅対がある。たいていは中央の本尊が勝海舟、右の脇侍に山岡鉄舟、左に高橋泥舟が多いようである。たぶん人気順だと思われる。さすがに海舟は美男子なのでわかる。だが、男っぷりでは鉄舟も泥舟も引けを取らない。もちろん人によって好き嫌いはあろう。ただし、次席は剣の達人鉄舟、そして三席は、おそらくその人となりが最もわからないと思われている、泥舟だ。

三舟の三幅対、最近の流行かと思いきや、すでに明治四年（一八七一）ごろから珍重されていたらしい。泥舟自身があつらえて、人に渡していることを日記に書いている（岩下哲典「廃藩時期の公務・子どもの死・出産」『病とむきあう江戸時代』）。泥舟の日記「公雑筆記」の明治四年の三月一七日に「勝・山岡・自分之筆、岩井へ差遣候事」とあるのがそれだ。すでにこの段階で幕末三舟、すなわち海舟・鉄舟・泥舟の三幅対の需要があり、泥舟自身がその三幅対の成り立ちにかかわっていたこともわかる。書画骨董史上、興味深いことがらだ。「岩井」という、その人がどのような順番で床の間に飾ったのかは定かではないが、海舟・鉄舟・泥舟の順番だった可能性が高い。おそらく幕末有名な「三舟」の書を飾ることが、明治四年にはステータスとなっていたのだろう。少なくとも泥舟がいた

幕末三舟の三幅対（個人蔵）
右：山岡鉄舟，中央：勝海舟，左：高橋泥舟

駿河田中（現、静岡県藤枝市）では。それが世が下るにつれて、海舟の事績が大きく取り上げられ、ますます真ん中に鎮座し、左右の鉄舟・泥舟は小さくなっていった。本書は、三幅対の位置はそのままでも、小さくなった鉄舟・泥舟を少なくとも海舟ぐらいにしたいと思っている。

そもそも幕末三舟は、三人とも旗本（幕臣）である。そして、鉄舟と泥舟は義理の兄弟である。鉄舟の妻英子《ふさこ》は泥舟の実妹なので、鉄舟にとって泥舟は義兄にあたる。泥舟にとって鉄舟は義弟となる。海舟と鉄舟・泥舟にはそうした姻戚関係はない。いわゆるお互いによく知った知人である。幕末維新のある一時期に苦難をともにして、官軍と戦った、いわゆる「戦友」のような関係である。もっとも、殺傷の武器を使わずして、言論と心とで戦った「戦友」である。これに関しては、本書の核になる部分なので、後に詳しく述べることになるだろう。言論で戦う以前、海舟は、鉄舟や泥舟とは交流が全くといってよい程なかった。

ともかく、四方を海に囲まれた日本で、海やその向こうの世界にあこがれる日本人には、海の舟、

勝海舟（1860年ごろ撮影）

海舟が心地よい。また、鉄の舟、鉄舟は荒海にも耐えそうでなんとも心強い。泥の舟、泥舟はといえば、かちかち山の話に出てくる沈む泥舟、乗っていたら自分も溺死してしまいそうな、困難・遭難を思い起こさせるので、いささかというか大いに不安になる。だが、泥舟は、人生においては重要な警鐘だ。順風満帆ならそれでいいが、人生は、道なら山あり、谷あり、海ならなぎもあれば、しけもある。時に大嵐だってやってくる。最近は地球規模で大きな気候変動もある。海の舟だって、鉄の舟だって、いつ泥の舟のようになるかわからないのが人の生なのだ。

さて、歴史的な人物としては、海舟が最も有名である。なんといっても経歴が華やかだ。海舟は大きな蘭語辞典を二部筆写した蘭学者とされ、老中肝入りの長崎海軍伝習に参加し、咸臨丸を日本人だけで操船して初めて太平洋を横断し、渡米した。いわゆる洋行帰りである。また土佐出身の、幕末日本の英雄、世界の海援隊「総管」坂本龍馬を見出し、その師匠としても有名だ。また第二次長州戦争で敗戦した幕府側の使者に立ったり、江戸城に迫る官軍大総督府参謀西郷隆盛と江戸で会談して「無血開城」を果たしたと喧伝される。

そもそも蘭語辞典を写せば蘭学者なのだろうか。海軍伝習での海舟は生徒のまとめ役だったが、学業の成果はどの程度であったのか。咸臨丸は、同乗したアメリカ人海軍士官ブルックらが臨時に指揮・操船して、かつ通訳中浜万次郎がいなければ、荒れ狂う太平洋の藻屑となっていた可能性が高い。実に無謀な航海だったことが知られている。龍馬にしても最初は海舟に師事していたが、後には長州や薩摩に接近していく。長州戦争では、海舟による平和交渉が成る前に、徳川慶喜によって孝明天皇から停戦命令が出され、海舟は慶喜から「梯子を外された」と恨み節を唱えた。また、江戸会談よりも前の、山岡鉄舟と西郷隆盛による駿府（静岡）会談の方が重要だという説も最近、出されている（岩下哲典『江戸無血開城』）。要は、海舟の本尊としての地位はいささか危ないのである。

特に「江戸無血開城」の道筋は、最新の研究では次のように考えられている（同「山岡鉄舟・高橋泥舟史料からみた『江戸無血開城』」）。

三舟の中では、実は海舟が最初に慶喜から駿府派遣を任命されたが、海舟は「千両箱」だからと、すぐに泥舟と交代となった。ところが慶喜が心変わりして、最終的に泥舟義弟鉄舟が任命されて、鉄舟が艱難辛苦の末、慶応四年（一八六八）三月九日、駿府の大総督府に到達した。参謀西郷と交渉の上、初めて大総督府側から徳川家処分条件が鉄舟に提示された。鉄舟はその大部分を決めて、改めて江戸で、三月一三日と一四日に、鉄舟・海舟と西郷の三者の江戸会談が開かれた。ここでは、駿府会談での決定事項の追認と最終的な慶喜謹慎先を水戸に決定した。これが江戸会談の実態なのだ。人によっては駿府会談が重要で、江戸は会談ではなく江戸嘆願と呼ぶ人もいる（水野靖夫『定説の検証「江戸無血開城」の真実』）。かくして、四月一一日のいわゆる「江戸無血開城」になったものと考えられている。

つまり、よく知られている聖徳記念絵画館の歴史画「江戸開城談判」にあるように、西郷と海舟の二人だけで決めたものでは全くなく、その前に駿府会談で西郷と対峙した鉄舟の抜群の功労があったこと、そうした功労者鉄舟のキャスティングは義兄泥舟だったということである。「江戸無血開城」に限れば、三幅対の本尊の位置は、鉄舟がふさわしいのだ。

ただ、海舟は明治期には海軍卿や枢密顧問官など明治の顕官を務めたし、牧ノ原台地の茶畑開墾など士族授産に果たした役割は大きかったともされ、静岡県島田市の現地には海舟の銅像も立っている。しかしながら、士族授産さえも、もちろん海舟一人の功労ではなく、徳川慶喜や泥舟、鉄舟などの協力もさることながら、何より地元に残って牧ノ原台地を開拓した中条金之助・大草多起次郎らの尽力が最も大きかったことは言を俟たない（同編著『徳川慶喜　その人と時代』）。中条の大きな銅像は目をひく。これは現地の人々が中条に託して、多くの苦労した幕臣の象徴として建立したものだと考えれば納得がいく。

このように、海舟以外の二舟、すなわち鉄舟・泥舟にも光があたってきたし、また、今後も鉄舟・泥舟の二舟にもっともっと光があたるべきなのではないだろうか。もちろん、海舟を貶めるつもりは全くない。それどころか、「江戸無血開城」には、三舟以外の幕臣人見勝太郎や関口隆吉、越前藩士や尾張藩士などの尽力も大いにあったことが知られる（前掲『江戸無血開城の史料学』の藤田英昭・樋口雄彦論文）。さらに研究が進むことを祈念する。

ともかく、筆者（岩下、以下同じ）は、そうした中で、「江戸無血開城」の最も重要な局面を鉄舟と西郷の駿府会談として考え、鉄舟と西郷が談判した内容を子細に検討してみた。すると、会談の背景に「禅」、すなわち「禅問答」があることに思い至ったのである（岩下「正受老人・白隠禅師と山岡鉄舟・高橋泥舟の関係について」）。

特に西郷が示した降伏条件、つまり、鉄舟直筆「慶応戊辰三月駿府大総督府ニ於テ西郷隆盛氏ト談判筆記」（「談判筆記」、後に本書で詳述。岩下編『江戸無血開城の史料学』に原文翻刻）にある五か条、

一、城ヲ明渡ス事
一、城中ノ人数ヲ向島ヘ移ス事
一、兵器ヲ渡ス事
一、軍艦ヲ渡ス事
一、慶喜ヲ備前ニ預ル事

のうちの、最後の一か条、主君慶喜を岡山池田家に預ける、とする条目に対して、鉄舟がほかの条件はのむが、これだけはのめないと敢然と反対し西郷を論難したことが、「禅問答」にあたると考える。鉄舟は、西郷に敢然と物申した。攻守、ところを代えて、もしもあなたが私の立場だったら島津公を他家に預けることができるのか、と反駁したのである。このことが、西郷をして返答に窮せしめた。西郷は「切羽詰まった」のだ。かくして、鉄舟は慶喜処遇だけは保留にして、この部分だけが江戸で

継続交渉となった。このことは、まさに鉄舟と西郷の禅問答の結果と思わせるのである。つまり、「禅」が幕末の最も重要な政治的交渉・決断に大いにかかわっていたのではないかと思う。そして鉄舟同様、泥舟も禅や仏教には関心を持っていた。禅に関しても本書の要所要所で述べてみたいと思う。

ここまで鉄舟を中心に述べてきたが、実は鉄舟と泥舟は、行動面でも思想面でもかなり重なる部分が大きいように思われる。そこで、本書では、鉄舟・泥舟二舟の人生を対比しながら、幕末から明治に生きた、三幅対の本尊海舟ではなく、脇侍の鉄舟・泥舟を大いに描いてみたいのだ。果たして、その並び順は、従来通りでよいのかどうか、読者諸賢のご判断や如何。読後が楽しみである。

なお、ここでの最後になおも一言付け加えるが、本書は「海舟貶め本」では断じてない。それも最後まで読んでご判断いただきたい。いずれ、本書の続編として海舟に関しても一冊書いてみたいと思う。なぜなら、私が幕末維新史に最初に関心を持ったのは、中学生のころ、石井孝監修の小学校高学年から中学生向けの海舟伝記を読んで、海舟の学問が世を動かしたことに感動したからである。誰でも自分の感動体験を大事にしたいと思うものだ。ただし、人間は感動するだけではない。事実の追求と真実とは何かを考察する生き物でもある。まずは「二舟」の事実を探求し、その真実に迫りたい。

山岡鉄舟・高橋泥舟——もとの姿はかわらざりけり

目次

図版一覧

第一章　義兄弟の出会い

1　山岡静山――二舟に最も影響を与えた槍の師匠

鉄舟も泥舟も、最も影響をうけたのは、槍の名手と誉れ高い、泥舟実兄である静山山岡紀一郎正視である。両者ともに静山に生き方さえも学んだといわれる。

静山の修行振り

静山の槍は、静山・泥舟にとって母方の祖父で、槍の名手にして旗本、高橋包実に学び、さらに自ら刻苦勉励したものだ。ともに刄心流《にんしんりゅう》槍術の流れを汲む。

二舟の師匠静山は、文政一二年（一八二九）生まれ、泥舟が天保六年（一八三五）生まれ、鉄舟が翌天保七年生まれである。泥舟とは七歳違い、鉄舟とは八歳違いとなる。

静山はなかなか激しい修行をした。厳冬に裸体で腹に縄を巻き、汲み置いた水が凍っているのも厭わず、砕いてかぶる。そして、二貫三〇〇匁（約八・六二五キログラム）の槍を毎夜一〇〇〇本突くこ

山岡家・高橋家略系図

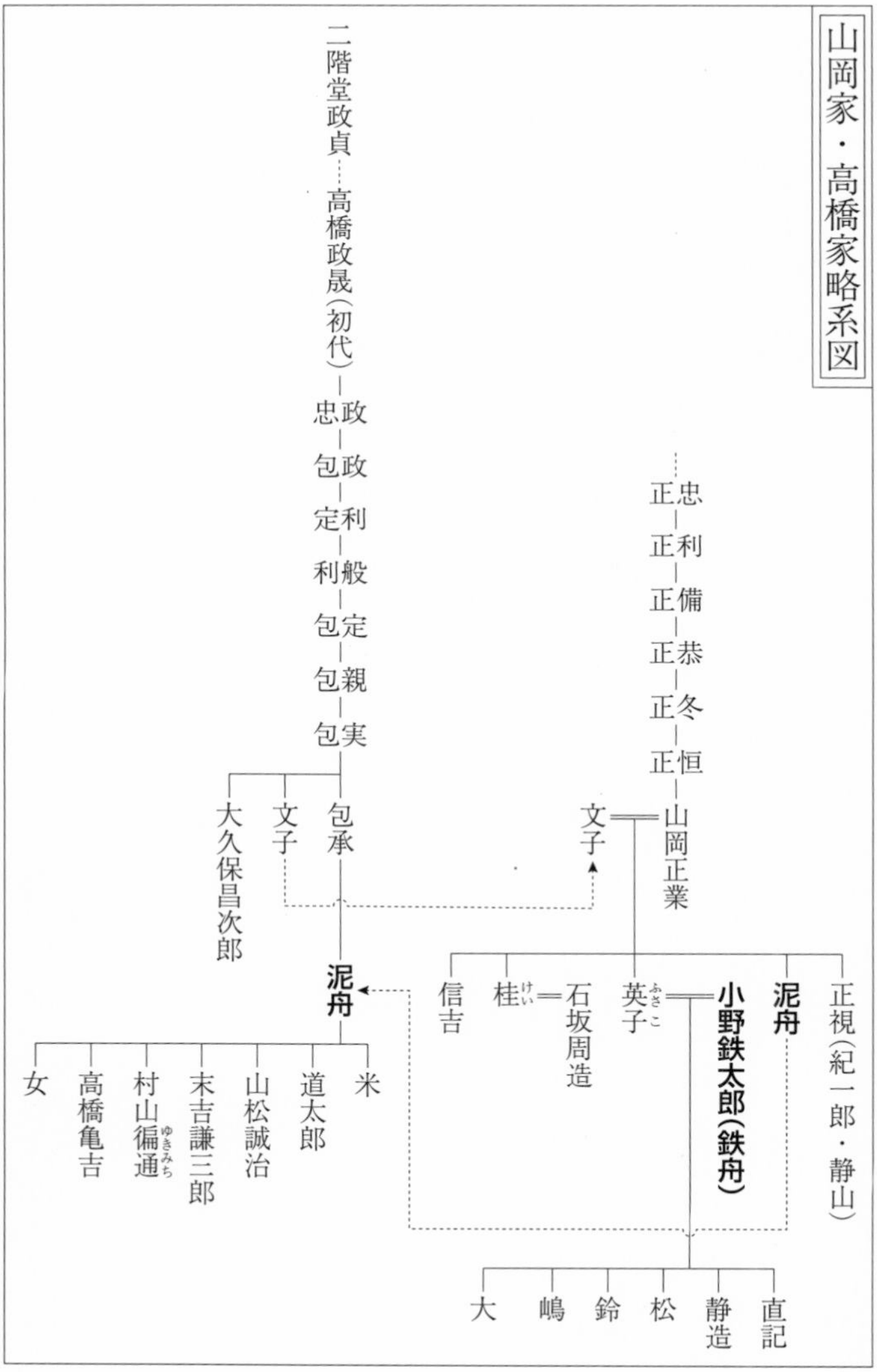

河越關古『泥舟』及び本文などを参考に作成

と三〇日に及んだという（「静山覚書」、河越關古『泥舟』）。その結果、目の前に飛んできた乾いた泥を槍で粉砕して四方に散らすという技を鉄舟・泥舟も弟子たちも目撃したという。槍全体を大きくプロペラのように回転させるのか、穂先部分を回転させるのか、どのようにすればそうなるのか、見当もつかないが、槍を自在に操っている姿は想像できる。

ところで、静山と泥舟の母（鉄舟にとっては義母）は、常日頃から「おまえたちは幸いにして太平の世に生まれた。もとより君恩は海よりも深く、山のごとく高い。いつの日にか、有事の際は、それにお応えせねばならない。されば武芸を磨き、君恩の万分の一でも返さねばならないのだ。お前たちはこの言葉を心に刻んで志を立てよ。もし不幸にして戦いで私よりも先に死ぬことがあっても、忠孝を全うすることが大切だ。それであれば不孝ではない」と諭していたという（「静山覚書」）。

静山・泥舟兄弟は母のこの言葉を深く心に刻んでいたように思う。来るべき日に備えて兄弟でともに武芸を磨いていたのではないだろうか。このような母の言葉「君恩は海よりも深く、山のごとく高い」は、泥舟の人生の節目節目に常によみがえっていたものと思われる。泥舟が慶喜に「至誠」を貫いたのはこの言葉があったからではないかと思う。

また静山は、泥舟・鉄舟ら弟子たちに「徳を積むことで勝て。不実のない、正直の勝利でなければならぬ。天命をわきまえ修行せよ。自分に勝て。うぬぼれるな。学ぶのは正邪を知るためだ」と要約できる言葉を残している（「静山覚書」）。これら「徳を積むことで勝て」「正直の勝利」も、泥舟の人生の節目に現れたであろうことは想像に難くない。これらは泥舟や鉄舟が静山から学んだことの一端であろう。静山は、槍術の技術だけでなく、人としての生き方を教えたのである。これらの一部、たとえば「正直の勝利」は、今日でも通用する教えではないだろうか。

また、泥舟は静山の俳句を書き留めている。

梅が香も　すり込みて出す　硯かな

河越關古氏によれば、この句は、菅原道真九五〇年祭に詠んだもので、刄心流の祖とされる道真を欽慕したものというが、そうであろう。それにしても、梅の香をすり込んで、そっと客人に出して使ってもらおうという風情がなんともいえず風雅である。文武にすぐれた人物が静山であり、静山を手本に精進したのが泥舟と鉄舟であった。武に精進しつつも、文の心を忘れない、武人としてあるべき姿を見せてくれていたのが静山であった。まさに二舟の師匠が静山だった。

静山の突然死

そのような静山であったが、安政二年（一八五五）二七歳の時、母に自ら告別してその日に死んだという。先にもたびたび利用した史料で、泥舟が静山について記した史料である「静山覚書」には、一週間前や前日、当日の様子は書かれているが、どのような経緯で死んだのかが全く書かれていない。隅田川で水泳中の水死説もあるが、真相はわからない。『山岡鉄舟先生正伝　おれの師匠』によれば、静山は自分の水泳の師匠を救うため、病をおして隅田川に入り、心臓麻痺で亡くなったともされる。ただ、泥舟にとって、それはもうよく知っていることで、書く必要がなかったのだろう。あるいは、つらく悲しく書けなかったのかもしれない。いずれにしても、静山は二七年の鮮烈なる人生をおくった、文にもすぐれた武人だった。生きていれば相当な人物になったであろう。槍ではすでに江戸の評判をとっていたのだから。

泥舟のみならず鉄舟も思いのほか落胆した。泥舟には兄であり、鉄舟には義兄になる人であった、そして師であった人、手本として導いてくれると思っていた人が死んだのだ。泥舟の「静山覚書」がいつ書かれたのかはわからないが、そのどこを読んでも、泥舟のいいしれぬ悲しみがあふれ出ている。それは鉄舟も同じだっただろう。静山に恥じない、「正直の勝利」をする、「至誠」の生き方をする、そして母が言っていた「君恩は海よりも深く、山のごとく高い」、これが二舟の行動原理であった。二舟が生涯にわたって行動で示したことがらであった。筆者はそれらを「尽忠報恩」「至誠一貫」と本書では呼びたい。

なお、鉄舟が静山をいかに欽慕していたかを語るエピソードがある。武人として優れていた静山であったが、誰にでもウィークポイントはある。静山は雷が大の苦手だった。それを知っていた鉄舟は、静山の墓に参詣する際に雷が鳴ったりすると、着ていた羽織を静山の墓石にかけ、墓石のかたわらであたかも師を守るごとくであったという（泥舟談『山岡鉄舟先生正伝　おれの師匠』）。その墓所は、山岡家の歴代の墓所で、東京都文京区白山の日蓮宗蓮華寺であろう。現在は整備されて、泥舟が建立した累代の墓石が立っている。

2　それまでの鉄舟——小野鉄太郎から山岡鉄舟へ

鉄太郎の出自

鉄舟は、もともとは六〇〇石取の旗本小野家の出身である。六〇〇石の内の所領が、現在の埼玉県の小川町内にあったとされる。現在、同町の割烹旅館二葉では、鉄舟が考案したという「忠七めし」を味わうことができる。忠七とは二葉八木家の、鉄舟と同時代の当主の名前であり、鉄舟と親しかったといわれている。忠七めしには、日本橋の老舗山本海苔店の高級海苔とにんべんの鰹節が使われている。山本海苔店もにんべんも鉄舟と関係がある。

鉄舟は、天保七年（一八三六）御蔵奉行小野朝右衛門高福の五男として江戸本所大川端四軒屋敷に生まれた（圓山牧田・平井正修『最後のサムライ　山岡鐵舟』、小倉鉄樹ほか『山岡鉄舟先生正伝　おれの師匠』）。幼名鉄太郎、鉄舟はのちの号であるが、本書では鉄舟で通す。なお、成年期の鉄舟は二メートル近い大男であった。若いころの顔もいかつく、現代のイケメンとはいささか異なる風貌だ。

鉄舟の父高福は飛驒国高山陣屋の飛驒郡代として赴任したため、鉄舟も一〇歳から一七歳までのまさに多感な時期を高山で「御郡代様の若様」として過ごした。すなわち元服前はわんぱく盛りで、寺院の住職をやり込めた話なども伝わっている。元服後は、母、父と相ついで高山で失った。特に父は飛驒郡代在任中だったことから、小野家は江戸に住んでいた異母兄（小野古風）が家督相続した。七月に高山を引き上げる時は鉄舟が一番上の男子だったので、生まれてから間もない小さな子どもを含む弟五人の面倒をみながら連れて帰り、江戸の兄の元に身を寄せた。嘉永五年（一八五二）、ちょうどペリー来航の一年前のことである。

江戸の大変

ちなみにこの年の初めは、江戸では大変火事が多く、多くの「火事瓦版」が発行され（箕輪有朝氏のご教示）、地方にも手紙などに同封されて瓦版がもたらされたようなので高山にも届いていたかもしれない。六月には長崎のオランダ商館長から、翌年三月か四月にペリー艦隊が江戸湾に来航する可能性が高いという「ペリー来航予告情報」（「オランダ別段風説書」の一部）がもたらされた（岩下哲典『予告されていたペリー来航と幕末情報戦争』）。さらに、九月にはペリーよりも前に条約を結ぼうと働きかける、「日蘭通商条約草案」が商館長から伝達された。なお、この月九日には、明治の鉄舟が、大切に思い、終生出仕した明治天皇が生まれている。鉄舟とは一七歳違いということになる。さらに年末の一二月、外様大名福岡藩主黒田長溥《ながひろ》が、ただ一人、ペリー来航前に幕府に意見書を提出した。そこには対外問題の方針の早期決着や御三家への情報提供と諮問、土佐の漁民中浜万次郎を招請しての海軍創設などが書かれていた。しかしながら、幕府勘定所の役人たちによって無視された。そんな多難な時期に鉄舟は江戸に帰って来たのである。もちろんそう

割烹旅館二葉

したことの大半は知る由もなく、自分と家族に起こった異変、父母の死から次々に起きる異変に、飛騨高山から出て来た幕臣の若者として対応するしかなかったと思われる。

　そして翌年六月、予告された時期からは二か月遅れたがアメリカ海軍軍人ペリー率いる黒船艦隊が浦賀に現れ、合衆国大統領親書（アメリカ国書）を幕府に手交した。その話は江戸の鉄舟、当時一八歳の元にも届いたことだろう。大名・旗本は、幕府の対外政策への意見書を提出することが役目として認識され、最終的にはおよそ八〇〇通ほどが御用部屋（江戸城内の老中・若年寄の執務室）に届けられた。翌七年（安政元年）には日米和親条約が締結されたが、このころの鉄舟は何かにとりつかれたように剣術に打ち込んだという。異国船の来航に対して、武士として何かをせざるをえない衝動に突き動かされていたのではあるまいか。当時土佐藩郷士であった坂本龍馬も嘉永六年六月には土佐藩品川藩邸の警備に臨時雇いとして従事していた。九月には国元の父に「軍《いくさ》も近いうちにあるかもしれない。その時には異国人の首を取って帰国します」と手紙を送っている（岩下哲典・小美濃清明編『龍馬の世界認識』）。鉄舟は文久期、龍馬と「虎尾の会」で相識になるが、二人は攘夷という点でこの時期同じ思いを抱いていたことが察せられる。ただし、龍馬は「兄の手許にはアメリカ沙汰という資料を送ったので見てほしい」とも書いている。のちに龍馬は、咸臨丸でアメリカまで渡航し直接

飛騨高山陣屋の鉄舟少年銅像

見分した勝海舟を訪ねているので、単なる攘夷家とも異なる。ただし尊攘派とされる鉄舟の弟子で、同じく尊攘派幕臣松岡萬にも「異船渡来」などの異国船情報収集資料があるので、当時の攘夷派でも「彼を知り、己を知れば百戦殆からず」の孫子の兵法は活かされていたと思われる。

山岡鉄舟の誕生

安政二年（一八五五）、静山が亡くなった山岡家に鉄舟が養子に入った。泥舟の妹英子の配偶者として山岡家に入ったのである。静山・泥舟・英子の父はすでに弘化四年（一八四七）に亡くなっていたので、山岡家は泥舟のすぐ下の弟信吉が継いでいた。鉄舟は信吉の後継ぎ候補となったのである。信吉は静山の養子になっており、小普請組柴田能登守組で、無役であった。おそらく信吉は、自身の跡継ぎたる子どもに恵まれない環境だったと思われる。それで静山・泥舟・信吉の妹である英子に鉄舟を娶わせたということになる。系図上は、鉄舟・英子夫妻は信吉の子となる。また鉄舟が山岡家を継いだのは慶応四年（一八六八）で、それまでは後継ぎだが、部屋住の扱いである。

坂本龍馬

鉄舟はその後、安政三年に幕府講武所世話役となった。講武所は、阿部正弘の近代化政策の一環で作られた、幕臣の武道教育機関である。惰性に流れがちな旗本・御家人の性根をたたき直す機関である。徹底的に精進する鉄舟の剣の腕が認められたのであろう。

その後鉄舟は、文久二年（一八六二）には、同志にして庄内出身の郷士、「旅する思想家」清河八郎が提唱した浪士組の取締役となった（文久期以降の鉄舟の履歴に関しては、本林義範「全生庵所蔵の山岡鉄舟に関する四通の履歴書について」『白山史学』第五八号参照）。清河事件（後述）のために差し控えとなったが、最幕末の慶応四年、慶喜護衛の精鋭隊頭などを務めた。同年、三月上旬、慶喜の命を受けて駿府の西郷隆盛に単独で交渉に成功し、「江戸無血開城」の「一番鎗」と慶喜から称賛された（後述）。明治初期には静岡藩権大参事、茨城県参事、伊万里県権令、明治五年（一八七二）からは侍従、侍従番長、庶務課長、宮内少丞、宮内大丞、宮内少輔など宮内省の実務官僚・高級官僚を務めた。華族としては子爵に叙爵された。明治二一年（一八八八）、惜しくも五三歳で胃癌で亡くなった。戒名は「全生庵殿鉄舟高歩大居士」である。

墓所は台東区谷中の臨済宗国泰寺派全生庵。鉄舟は全生庵の開基でもある。全生庵は、もともと国泰寺の住職一行が江戸で宿泊する由緒ある泰元院という寺院で、明治期には廃仏毀釈で荒廃していたものを鉄舟が整備し全生庵と改め、開基となったものである。

ところで、山岡家は、旗本一〇〇俵の下級旗本で六〇〇石の小野家とは釣り合いが取れない。山岡家当主だった静山が不慮の事故で死去したため、静山・泥舟兄弟の共通の弟子でもあった小野鉄太郎が静山亡き後の信吉の後継ぎとして山岡家に迎え入れられたのは前にも述べた。泥舟妹英子の婿になったわけだが、それは鉄舟を好いていた英子のたっての願いだったともいわれている。また、鉄舟も敬愛する静山・泥舟の妹で、泥舟からの願いもあり、異存はなかったものと思われる。なお山岡家累代の墓は先にも述べた通り、東京都文京区白山の日蓮宗蓮華寺にある。蓮華寺は、東洋大学のごく近隣にある。

全生庵

山岡鉄舟墓

3　それまでの泥舟――幕末随一の旗本高橋伊勢守

泥舟の出自

高橋泥舟が養子に行った高橋家も、当時の山岡家同様少禄の旗本で、泥舟の養祖父包実の代に、四〇俵から七〇俵、さらに一〇〇俵と昇進したが、やはり下級旗本である（岩下哲典『高邁なる幕臣　高橋泥舟』）。高橋家は静山・泥舟・信吉・英子らの母親の実家で、泥舟は母の実家を相続したのであった。こうしたことは当時は一般的だった。男子が多い場合は、その養子先を探すのが重要で、それは上は将軍から下は下級旗本まで同じであった。武家として、主君に奉仕する「家」を存続させるのが重要だったからである。「家禄」というように俸禄は、家に付属していたからである。

さて、泥舟は、天保六年（一八三五）、江戸小石川播磨坂上の生まれで、鉄舟とは一年兄貴分である。安政二年（一八五五）幕府勘定所御勘定であったが、翌三年講武所槍術教授方出役となり、同四年教授となった。もともと役方である御勘定から番方である講武所の教授になるのはよほど槍術に優れていたからに他ならない。江戸でもトップクラスの槍術の使い手であった。泥舟の江戸での評判試合は、『高邁なる幕臣　高橋泥舟』で書いたので繰り返さない。が、江戸でも評判の高い静山の弟ということで、闘いを挑まれたが見事に相手を打ち負かしたことだけは書いておく。静山はそれほどの使い手でもあったわけである。泥舟もまたしかり。しかし、泥舟が槍だけの男かといえばそうでもない。勘定所仕込みの数字に細かい吏僚でもあった。今に残る泥舟の関係文書を見ると、日記などには揮毫のお礼にもらった金員を細かく書き上げているし、金額と突き合わせたか、他の帳面に書き写したのか、合点《がってん》（チェック・マーク）を入れている。「文武両道」という言葉ほど泥舟に似合う言葉はない。ただし、「文武両道」であれば必ずしも出世できるとは限らない。泥舟は自ら出世を望まず、幕末は請われるままに役職にはついたが、明治期には一切、どこにも仕官しなかったのである。だからといってそれが不幸かといえば、決してそのようなことはなく、面白く明治を生きている。さらに泥舟をみていこう。

異例の出世

文久二年（一八六二）、鉄舟とともに、清河八郎ら、全国各地の有志浪人が参加した浪士組取締役となり、同年末には「攘夷決行」のため上洛する慶喜の護衛となった。京都で、朝廷から直接、従五位下伊勢守に任じられるという前代未聞の昇進を遂げた。従五位下に任じられることを諸大夫成という。

泥舟の諸大夫成の特異性も前書で詳細に書いた。重要なのは、朝廷のある京都で、将軍の直属の家臣すなわち幕臣たる、旗本が叙任されることじたいに大きな意味を見出しうるということだ。つまり、泥舟が好むと好まざるとにかかわらず、武家官位の叙任に関して朝廷が独自の政治的動きをし始めたということであり、そこに泥舟が、知らず知らずのうちに関与していたということである。武家官位は本来、朝廷官位とは別物、別仕立てで、将軍の思し召しで叙任される。つまり、大名や幕臣の叙任は将軍の専権事項であり、朝廷が関与することはかつてなかったことである。泥舟に朝廷から官位が下るのは、泥舟のみならず有力と思われる幕臣を将軍から切り離すことであり、大きな問題をはらむことになる。朝廷が泥舟など幕府内部の尊攘派を直接把握する、取り込む、切り離すといった策動が行われた可能性があるのだ。

すなわち、朝廷内部にそうしたことをもくろむ者たちがいて、一方、山岡鉄舟や清河八郎など、特に清河が結びついて、泥舟の京都における官位叙任が行われたのであろう。泥舟は、彼らの輿望をになって、あるいは彼らに担がれてと言った方がいいだろうが、従五位下伊勢守に叙任された。朝廷内の尊攘派である、三条実美らが連携したのではないかと推測する。そしてその武力的背景が浪士組であり、幕臣尊攘派泥舟・鉄舟が「浪士取扱」となって、ここにある意味、朝廷の親衛隊的な軍事力の形勢が行われた。泥舟や鉄舟にとっては、それを行わざるをえなくなったのであろう。その権威づけ、過激な尊攘派があえて権威づけしたのが、この泥舟の諸大夫成だったのだ。泥舟も完璧に嫌がっているわけではない。天皇・朝廷を将軍同様、守衛しなければならないと思っていたと思われる。母からの教えでは、将軍のみならず、その主君である天皇を守ることは、君恩に報いることである。そこに矛盾はないのである。軍事力は数でもあった。縦筋で足りなければ、横筋がある。

何のためのネットワークか

そこでこのころ泥舟が新たに諸藩の有志に会って、ネットワークづくりをしていた事実も浮かび上がってくる。このことは次章で細かく述べたいと思う。いずれにしても文久期、尊攘派幕臣として最も有名だったのは泥舟だった。少し後の話になるが、岩倉具視の探索活動でも、泥舟は幕臣随一の尊攘派でこの人物が役職についていないのは問題だとされているのだ。が、鉄舟にはそうしたことはない。おそらく鉄舟は、幕末には剣術一筋で、政治は煩わしいとさえ思っていた。しかし、明治期には、泥舟は全く世に出ず、鉄舟が宮内省を中心に好むと好まざるとにかかわらず、内廷や政治の世界にどっぷりとつからざるをえなくなる。そのように泥舟と鉄舟のありかたが逆転するのも興味深い。現代でも鉄舟が表、泥舟が裏として、それが継続している。なぜそうなのかは、本書をさらに読み進めていただければ明らかになるであろうが、ここでは、泥舟が表の時は鉄舟が裏方、鉄舟が表に出る時は泥舟が裏方、そうして義兄弟で激動を乗り切った。その結節点には、泥舟妹にして鉄舟妻英子がいたのだと思う。しかし、現時点で見ることのできる英子の史料は少なく、泥舟と鉄舟の奥方の役割を十分に明らかにすることはできない。ただ、明治期の泥舟の手紙などを見ると、奥方の様子を伝えたり、奥方から手紙を書く、と書いている。男の世界でも表・裏があり、女性の世界でもつながりがあって、そうした役割分担のもとに世の中が回っていた。今日とは少し違った運用が行われていたが、そうしたことを知ることもまた重要であろう。言わずもがなのことだが、どの時代の男女のありかたがよいだとか悪いとかいうことではなく、そうしたことを知って、多面的に物事を考えていくことが必要なのではないだろうか。

高橋泥舟墓

さて、泥舟は鉄舟と同じく清河の事件に連座し差し控えとなる。しかし文久二年（一八六二）末には、二丸留守居格講武所槍術師範役、さらに三年ほど経過して、慶応二年（一八六六）遊撃隊重立頭取、のち遊撃隊頭となった。そして、慶応四年の慶喜の江戸城退出、寛永寺謹慎、水戸謹慎まで慶喜の護衛を誠実に担当した。慶喜の信頼が最も厚い幕臣、最強の、一番頼りになるボディ・ガードが泥舟だった。明治二年（一八六九）静岡藩では田中奉行、田中勤番組之頭など務めたが、明治四年の廃藩置県以降は官には一切仕えず、槍を筆に持ち替えて、揮毫一本で生活した。明治顕官の建白書の清書や山形・信州・甲州など日本各地を旅して書を書いて口を糊したのである。東京都台東区谷中の日蓮宗大雄寺高橋家墓所に墓がある。戒名は「執中庵殿精一貫道大居士」という。「精一」は明治期の名前。官途につかない道を貫いた男であった。

第二章　幕末の二舟

1　二舟と清河八郎

清河八郎とは誰か

先に見たように、泥舟は、幕臣やその周辺にうごめく浪士たちの集団（幕臣尊攘派）の頭目、つまり「浪士取締」に押し上げられた。さらに泥舟を従五位下伊勢守に叙任させることによって、自分たちの行動の権威づけさえも行って、攘夷の先駆けとして天下に覇を唱えようとしたのは一体誰なのか。

出羽国庄内藩清川村出身の郷士清河八郎（斉藤正明）である。先に「旅する思想家」と紹介した。「西の松陰、東の八郎」と言ってもいい人物である。しかし、吉田松陰は「あるある尽くし」、清河は「ないない尽くし」である（岩下「徳川政権、武と文の相克」『「文明開化」と江戸の残像』）。吉田松陰には、全集や大河ドラマがあるが、清河八郎にはそうしたものがないのである。

清河は、天保元年（一八三〇）に生まれているので、泥舟の六歳年上である。弘化四年（一八四七）、学問修行のため江戸に出て、著名な儒学者東条一堂に学び、昌平坂学問所教授安積艮斎や昌平坂学問所そのものでも学んだ。また千葉周作に剣術を学んだ男である（長南伸治「清河八郎の顕彰」）。清河も泥舟同様、文武に秀でた、「文武両道」の男である。安政六年（一八五九）、神田お玉が池に「文武指南所」を開塾して門弟を教育したが、翌年井伊直弼が桜田門外で暗殺されると直接、尊王攘夷運動にかかわるようになった。

桜田門外の変は、幕末の歴史に大きな影響を及ぼしたことは言うまでもないが、江戸にいた清河のような上昇志向の浪士にとって、幕府の権威を相対化し、自らの力、武力と知力で世を変革しうる力を与えたことはとても大きかった。文武に秀でた清河が俄然活気づいたのは想像に難くない。多くの浪士らと連携し、幕府が忌み嫌った徒党を組み始めるのであった。なお、桜田門外の変は、興味深いことがらがまだまだ多く、書きたいことは山ほどあるが、ここは泥舟・鉄舟の伝記なので先を急ぐ。

攘夷運動が高揚した文久期、清河は文久二年（一八六二）、薩摩藩の有馬新七らと伏見挙兵を画策した。これは薩摩国父島津久光を擁して軍事クーデタを起こし一気に政治権力を手中にしようとするものだったが、かえって久光の反撃をくらい、有馬ら過激派は伏見寺田屋で鎮圧された。そのころ清河は大坂の薩摩屋敷に留め置かれていた。その後、清河は方針転換して薩摩藩と直接連携することから全国の志士との連携を強めることにした。そして、幕府浪士組結成を画策し、泥舟・鉄舟と連携して幕府を背景に権力掌握を企画したのである。関東近郊で浪士を募集し、京都に上り、朝廷に直結するという実に画期的なプランだった。しかし、水戸藩浪人芹沢鴨や多摩の郷士近藤勇・土方歳三らと対立して、江戸に戻ることになった。清河は、横浜の外国人居留地襲撃を行い、権力を掌握することを計画して各方面に働きかけた。しかしながら、当然にして幕府の知るところとなり、のちに京都見廻組となる旗本佐々木只三郎（会津藩士手代木直右衛門の実弟）らに麻布一ノ橋で暗殺された。

この清河と泥舟に関しては泥舟の実妹桂《けい》の婿である石坂周造が、明治三三年（一九〇〇）に証言したものがある（『史談会速記録』）。

「（松平主税の代わりに浪士取締に―引用者註、以下同じ）鵜殿鳩翁を入れたところが、是れハお爺さんでいけぬといふので（中略）（高橋泥舟を）入れたが、是れハ素より勤王党だからで、そこで精一（泥舟）の二番妹（桂）を清川八郎に遣る約束が出来て居った、けれども八郎は始終家に居ないものですから、トウ〳〵それを妻とすることも出来ずして済んだのです」

泥舟の妹英子《ふさこ》のさらに下の妹がお桂だ。お桂は、泥舟が幼いころ、小石川や小日向界隈を負ぶって、面倒を見たかわいい妹である。明治期にも、泥舟はお桂とその夫石坂周造と夫婦ぐるみで親しく交流している（岩下哲典『病とむきあう江戸時代』）。石坂とお桂の息子、泥舟には甥になるが、その養子縁組の相談を泥舟は受けている。また、お桂が山岡家の家紋が付いた短刀を送ってほしいと言ってよこしたことを日記に書き留めている。

清河八郎と妻蓮の墓（伝通院）

清河を高評価した泥舟

石坂が言うには、お桂は最初清河の妻になるはずだったという。泥舟と清河の信頼関係のほどがしのばれる。清河にはお蓮という出羽庄内から連れて来た恋女房がいたためそれは実現しなかった。「八郎は始終家に居ないものですから」とあるが、それは表向きの理由であったと思われる。清河としては、旗本山岡家の娘で、泥舟の妹お桂をめとることは身分の上昇を意味しており、今後の活動の有効な手段になりえたことは明らかだった。しかし、わざわざ庄内から、自分のために江戸までついてきて、なにかと世話をしてくれるお蓮を大切に思っていた。また、お桂と一緒になって、妻の実家の威光で出世するよりも自らの実力で向上することを望んでいたのだろう。かくしてお桂をめとる話は立ち消えとなった。しかし、泥舟が清河を高く評価していたことは確かであり、また、清河や石坂などが泥舟を浪士取締に担いだように、彼らの紐帯が強かったことがうかがえる。

清河としては、結縁的に旗本山岡家や高橋家につながることは、それほど重要ではなく、むしろ、文武の実力で自分自身を試してみたかったのだろう。また、お蓮を愛していたのだろう。こうしたことから、清河という人間を「近代人」と考えることはそれほど誤りではない。清河は、攘夷派ではあるが、海外情報を的確に分析する能力もあり（前掲岩下「徳川政権、武と文の相克」）、漢詩も、剣術もよくできる。しかし、人を「無礼打ち」で斬ったことでかなり損をしている。それも幕府の密偵だったようではある。もう少し詳しく見ておこう。

泥舟が、明治三三年に清河に関して以下のように証言している（『泥舟』）。

「清川が両国で人を斬りまして彼の時に鉄舟なども一緒に居りましてすでに罪人に成るのですが、何しろ彼れ丈の奴を殺すでもないと思ひまして私が老中に参つて段々談判を致して清川を助けたのです。清川を逃がしました、私共知っております」

文久元年（一八六一）五月、両国で、近づいてきた町人風の男、実は幕府の隠密と思われる男を無礼打ちと称して殺害した。清河の文武の才能を惜しんだ泥舟が、清河のために老中にまで掛け合って逃がしたことを述べている。おそらく事実であろう。

後に文久三年正月一九日付で庄内藩士の酒井繁之丞が提出した届書によれば（『藤岡屋日記』第一〇巻）、清河は、甚左衛門町往還にて住所不明の町人風の男が突っかかってきたので咎めたところ不法に及んできたので斬殺した。やむをえない次第とはいいながら、その所の役人にも主人にも届けず、かつ翌日不都合だと気付いて出奔した。しかしながらこのことは庄内藩にとって不埒である。庄内藩は厳重に申し付けようとしたところ、後悔して浪士取扱の方に自訴したとのことであった。そして、許されることになり、やはり厳重注意の上、鵜殿鳩翁・松平上総介方に引き渡すとのことになった。そのことを旗本浅野備前守役宅で、私の家来が聞かされたのでその件をお届けする、というのがこの届書の内容である。

人を斬ったこと自体が咎められたのではなく、その後の処置、つまりその場所の役人に届け出るということが、天下のことを優先する清河にとっては、面倒であった。しかし、届け出ずにかえって面倒になったことを考えると、むしろ届け出たほうがよかったのかもしれない。その時の最良の選択をしたつもりが、かえって困難な状況に自身を追いやることもありえるという一例だろう。清河としては、庄内藩に囚われれば実家に影響が及ぶことも脳裏をよぎったのだろう。届け出ずに逃亡した。

結局、清河は、今後は庄内藩酒井家の屋敷および領分に立ち入ることはできなくなった。そのため、鵜殿鳩翁・松平上総介の浪士組、つまり泥舟・鉄舟のもとで生きていくことになるが、それには泥舟の尽力が大きかったことが理解できる。泥舟はさらに続けて以下のような趣旨を証言している。

「それで清河が九州の方に行っている時に書面等をよく私によこしました。それで私は本当に困りました。姓名は違いますが手跡が同じです。私には隠密が常に就いているので、清河の手紙が来た時などは、とてもたいへんでした。それでもなんとかうまい具合に手紙は開封もされませんでした」

清河からの手紙には困惑

清河の手紙が来ると困るのは、こうした犯罪者からの手紙は、できれば開封せずに届け出るのが原則だったからだろう。文久二年六月、つまり清河が出奔して半月ほどたったころ酒井家家中黒川一郎が、黒川の庄内在住の家来都丸広治・辻五郎八に宛て、「大坂中之島大和屋庄助方」に泊まっていた飛脚を通じて「木村三郎」こと清河からの手紙が来たので届ける、とした書状がある（『藤岡屋日記』第一〇巻）。泥舟のところにも「木村三郎」などの名前で手紙が来たのだろう。黒川は、差出人に心当たりがなかったので開封してみたところ、「厳重御尋之者」である清河の名前で書かれた領主への意見書や親戚宛の封書などが入っていたので、領主が各方面に差し上げよとのことなので、この度至急便で差し上げるものだと黒川は書いている。

そもそも泥舟がいうには幕府の隠密が泥舟を見張っており、時には書簡を開封することもあったことがうかがえ、犯罪にかかわったものからの手紙にはとにかく神経を使った様子がよくわかる。

泥舟はさらに清河を評価はしているが、清河が他人を論破して得意になっていることを戒めたことがあるのに、改めることがなかった。それが暗殺の要因だ、と泥舟は考えていた。一代の智勇兼備な男、「文武両道」な男であった清河も性格的には押し出しが強く、泥舟から危惧されていた部分もあったわけだ。文久三年四月一五日、清河が江戸で暗殺された。すでにその前日に失脚していた泥舟をさらに暗澹たる思いにさせた。

泥舟の失脚は、京都での尊攘派とのネットワーク形成、つまり徒党化や一橋慶喜や老中などへの忌憚のない物言いが直接の原因と思われる。さらに泥舟も「浪士取締」をかなり重荷に感じていた。泥舟自身の「履歴」には、「自分は国家と幕府のために尊王攘夷の志を懐き、旗本同志の数百人と集団化したが、もともと浪士を招集することはよいとは思っていなかった。そこで自分が浪士取扱になることは再三辞退したいと当局に申し入れたが、私でなければ浪士を扱うことが難しいとねんごろに家茂将軍からも懇願された。それで固辞できなくてやむをえず命を受けたものなのだ」とある（『泥舟』）。将軍への奉公は旗本にとって至上命題であった。

清河神社・清河八郎記念館

泥舟の本音

泥舟としては、清河の生き方などを見ているととても浪士たちを制御することはもともとできないと思っていたのだろう。泥舟はあくまでも幕臣尊攘集団の表向きの頭目だった。裏で泥舟を担ぎ上げていたのは清河だったのだ。

その清河らの動きがだんだんおかしくなってゆく。幕府の枠組みを超えて、攘夷の急先鋒として横浜居留地襲撃に向かっていく（「高橋泥舟翁事歴」『史談会速記録』第二四八輯）。それが実現したらますます幕府は窮地に追いやられることになる。すると、清河を生かしてはおけないと、旗本佐々木只三郎らは幕府上層部から暗殺指令を受ける。統制できない泥舟も処罰して一気に幕臣の攘夷派集団をなんとかしようと上層部はしたのだろう。

結局、文久三年四月、泥舟は御役御免となり、差控、つまり自宅謹慎で出仕停止、寄合の待遇となって、政治の表舞台から一時退場した。泥舟が失脚した直後、清河は暗殺された。なかなか難しい時代になっていった。

2　浪士取締役から幕府瓦解まで

復帰する二舟

泥舟が、清河らとのかかわりから御役御免になって、半年後の文久三年一〇月、差控は免除された。これで再び出仕することになった。幕府上層部も泥舟をこのままにしておくと尊攘派が何をするかわからないと思ったのだろう。

同年一一月には本丸御殿および二の丸御殿が炎上した。このとき泥舟ほか鉄舟や二人の共通の弟子松岡萬、依田雄太郎など同志二〇人あまりで、火事の際の持ち場に駆けつけた。何をおいても火急の時は駆けつける、君恩に報いよ、母の教えの実践である。鉄舟も松岡も泥舟同様に御役御免になっていたが、非常事態であったので皆で駆けつけた。このことがあって、年末、泥舟は、二丸留守居格講武所槍術師範役に返り咲いた。それからまるまる三年、泥舟はひたすら槍の稽古と教育に、鉄舟は剣術のそれに専心した。

その間、元治元年（一八六四）七月の孝明天皇の長州藩追討令による長州征伐に際しては、泥舟は征長は不可を唱えた。さらに現今の情勢から征長が困難であることを再三唱えたが、泥舟の言が十分に用いられることはなかった（安倍正人編『泥舟遺稿』）。

慶応二年（一八六六）七月、幕臣に人気があった将軍家茂が二一歳の若さで、大坂城で亡くなった。第二次長州征伐（長州側からは四境戦争、客観的には長州戦争）の在陣中の死であった。多くの人の目には、次の将軍は慶喜しか候補はいなかった。それをわかっていた慶喜は、まずは自分の思い通りの幕政改革を推進することを条件に徳川家の相続人となることは承諾した。条件を提示し、様子を見ようという算段だ。すぐには将軍とならなかったのである。慶喜としては将軍になる前に、地ならしをしておきたかったのだろう。幕臣を含め、輿望を担って、満を持してという環境を自らつくりだそうとしたと考えられる。それこそが絶対的権力、専制的な将軍権力を保持する道だと考えてのことだろう。

こうした、ある意味小賢しいところが旧来からの「神輿」的将軍像を抱く、溜詰以下門閥譜代大名や上層旗本などに嫌われていたところだろう。そしてその環境つくりが十分整い、決定的になったのが、同年一二月の孝明天皇の慶喜への将軍職就任の懇願である。天皇から要望されて、一二月やっと将軍に就任した。まさに満を持しての将軍就任だ。

ただし、この間、つまり将軍空位時代、慶喜の対抗者（ライバル）たちが何もしなかったわけではない。一〇月ごろに隠棲中の岩倉具視は、久光の率兵上洛を懇願していた。文久二年の久光の上洛・過激派志士の弾圧・勅使を擁しての幕政改革要求、という一連の流れをもう一度作り出し、最後は幕政改革ではなく、久光を王城守護の将軍職に任命して、徳川勢力を京都から駆逐し、岩倉派の覇権を確立しようとした（前掲岩下「徳川政権、武と文の相克」）。つまり、のちの慶応三年一二月の王政復古の大号令のような状況をつくろうとしたのである。しかし、そのクーデタ計画は時期尚早として、久光が動かなかったことから実現しなかった。

幕府の軍事改革

一方、江戸では、一一月に、かつて阿部正弘がペリー来航直後に設置した講武所が廃され陸軍所となった。講武所の槍術・剣術関係者は遊撃隊に編成された。その際、泥舟は遊撃隊頭の配下の頭取となり、槍術教授を兼務した。ついで遊撃隊頭取重立取扱となり、主任頭取とでもいう立場になった。同三年には、遊撃隊ナンバーツーの遊撃隊頭並へと昇進している。

このころ、幕府の軍事部門は、老中が就任する軍事総裁のもとに海軍総裁と陸軍総裁がおかれていた（『江戸幕府役職集成』）。その海軍総裁の下に海軍奉行・軍艦奉行・軍艦奉行並・軍艦頭・軍艦頭並・海軍所頭取・軍艦役などが置かれた。陸軍奉行の下には、歩兵奉行・騎兵奉行・大之砲頭が並列し、歩兵奉行下に歩兵奉行並・歩兵頭・歩兵頭並、騎兵奉行の下に騎兵奉行並・騎兵頭・騎兵頭並、大砲之頭の下に砲兵頭・砲兵頭並・組頭がそれぞれ置かれた。さらに撤兵奉行、その下に撤兵奉行並・撤兵頭・撤兵頭並、奥詰銃隊頭・銃隊頭並、遊撃隊頭・遊撃隊頭並などとなっていた。一概には言えないが、泥舟は将官最下級クラス、言ってみれば准将とか少将相当の役職に配置されたという印象だ。

慶応三年一〇月一四日、慶喜は、朝廷に対して、いわゆる「大政奉還」を行った。政権をいったん朝廷に返還するふうを装ったのだ。案の定、全国的な統治機能を確立できない朝廷からは新たな政権と統治機構ができるまでという条件付きながら、ふたたび日常的な政治運営は慶喜に委任された。そうなると慶喜の対抗勢力の猛烈な権力闘争、水面下での主導権争いが展開された。

ところで、いわゆる「大政奉還」は、これはどちらかというと朝廷側の表現および、ひとたび逆賊となった慶喜側が恭順してから自らの維新鴻業へ功績を主張した際の表現だろう。いわゆる「大政奉還」は、当初慶喜としては「政権奉帰」あるいは「政権帰一」ぐらいにしか考えていなかった。「大政奉還の上表」は「朝権一途・旧習一新・政権奉帰・同心協力・皇国保護の建白」と考えるべきとされる（齋藤洋一『徳川昭武の屋敷　慶喜のすまい』、小林哲也「幕末維新期の政局と土佐藩の『国事周旋』」）。すなわち、「政権を朝廷に奉帰建白書」あるいは「政権返上の建白書」と表現すべきであろう。以後、本書では「政権奉帰の建白」と表記とする。要するに建白には、「大政奉還」などとは一言も書いていないのである。そして「建白」には、むしろ慶喜の政権担当意欲が大いに感じられる。「なにかあれば自分（慶喜）に言うように諸侯に伝えておきました」というのは政権を手放したものの言葉ではない。「自分はまだまだ余力がありますから、諸侯の力を結集して政権を担当します」というのが真意である。つまり「大政奉還」が趣旨ではなく、朝廷に政権を返還するふうを装って、自らが政権を担当しうることを確認したということなのだ。

「政権奉帰」では？

それでは、いわゆる「大政奉還」のイメージとはどういうものか。「日常の小さな政から大きな政まで、政治のすべてを朝廷にお還し奉る」というものであろう。しかしそれは、朝廷の中の一部勢力の猛烈な巻き返しである王政復古の大号令ではじめて実現したことであり、もっと言えば、大号令直後に開催された小御所会議に慶喜が出席を認められず、そこで辞官納地が決まってしまい完全に朝廷内からはじき出された瞬間からである。慶喜側から見ると朝廷内の一部討幕派（対徳川家強硬派）による慶喜からの「政権剝奪」「政権強奪」という印象が強い。

慶喜が提出した、「政権奉帰の建白」そのものからは、朝命が一つところから出なければきちんとした綱紀を立てることはできない、それで従来の旧習を改めて政権を朝廷に還し奉り、広く天下の公議を尽くし、聖断を仰ぎ、同心協力して皇国を保護すれば、必ず海外の万国と並ぶ国になる。臣慶喜が国家に尽くすところはこれにすぎることはないとして、あくまでも朝廷の一員として万国対峙するところの皇国のために尽力する決意が述べられている。慶喜が本当に目指したのは、自らが朝廷内部にとどまって、これまでの旧習、悪習を改め、政令が一途に出るようにすることだったのである。

それゆえに、見込みがあれば自分まで申し出よと諸侯に達しておきましたとわざわざ断ったのである。あくまでも諸侯と朝廷との間を取り持つのは自分なのだとのスタンスは決して崩さない。かてて加えて慶喜は西洋帰りの側近知識人西周や津田真道に西洋の政治制度を研究させ、近い将来招集されるべき諸侯会議の日に備えていたのである（岩下哲典『徳川慶喜　その人と時代』）。彼らはオランダでライデン大学教授フィッセリング仕込みの法学・政治学・経済学・統計学を学んできた（大久保健晴『近代日本の政治構想とオランダ（増補新装版）』）。西洋政治制度のエキスパートだった。こうした展開は、朝廷内部の公家や薩摩藩、長州藩、土佐藩の討幕を目論む強硬派にはまったくゆゆしき状況であった。

もちろん江戸の泥舟は、このときの慶喜の心の内も、「政権奉帰の建白書」もまだ知らなかっただろう。すべての事情がわかるのは、目論みが外れた慶喜らが鳥羽伏見の戦いに敗れ、江戸に戻ってきて、慶喜本人の口から、この間の事情を直接聞いてからであろうと思われる。

慶喜に始まった「政権帰一」の思いは「政権奉帰」建白となり、朝廷からは「嘉納」されたが、多くの志士や討幕派からは「大政奉還」ととられ、来るべき政権構想とその実現に拍車がかかったのである。そこには慶喜自身も存在していた。要するにこの「政権奉帰」の建白以降、その建白内容が、慶喜にとって、どんどん一人歩きしていってしまったということなのである。

龍馬暗殺と泥舟

そんななかで、一一月一五日、かつて泥舟にも土佐の有名人と認められた坂本龍馬と中岡慎太郎が京都近江屋で一緒にいるところを、幕府見廻組佐々木只三郎以下に暗殺された。幕府とくに京都町奉行所や伏見奉行所などは早い時期から龍馬を追っていた。しかし龍馬の居所情報を幕府に流してみずから手を下さずに、いわば龍馬を暗殺させた、その黒幕は、おそらく薩摩藩の一部ではないだろうか。薩摩藩にとって龍馬は薩摩の内実を知りすぎたのである。さらに龍馬の新政権構想、すなわち慶喜を新政権の盟主にすえる構想は薩摩藩の討幕を目論む者には邪魔以外の何物でもない。龍馬と慎太郎の暗殺に激高した海援隊・陸援隊が反幕的になればなおのことよい。かくして龍馬暗殺が行われたのであろうと考える（岩下「『人斬り半次郎』が手を下した上田藩士・西洋軍学者赤松小三郎の暗殺——龍馬暗殺の鍵」『歴史研究』第六九七号）。よく、薩摩藩説は「絶対に」ありえないとする向きもあるが、歴史に「絶対」はない。あらゆる可能性を排除せずに考えることが重要ではないだろうか。

ともかく、文久二、三年にすでに龍馬を高く評価していた泥舟の見込みは、ある意味あたっていたのである。もちろん龍馬暗殺に関して泥舟が何かしら述べたものは今には伝わっていない。泥舟が出会ったのは、泥舟、龍馬ともに二七、八歳で、同い年であった。龍馬も剣や長刀の使い手、泥舟は槍術の師匠、ともに肝胆相照らすものがあったに違いない。その龍馬の死を泥舟がどのように思ったのか。泥舟が知ったのは、やはり慶喜らが江戸に戻ってきてからであろう。

鳥羽伏見の戦いは、先にも述べた一二月九日王政復古の大号令に端を発している。すなわち、慶喜の辞官納地が決定されたため、親幕的大名（会津・桑名藩）や幕臣の不満が高まった。慶喜自身は軍事衝突という不測の事態を避けるため大坂城に退去した。これも慶喜が、朝廷から弾き飛ばされたにもかかわらず朝廷に対し敵対する意志がなかったことの表れでもある。しかし配下の軍団はそうした最高司令官の意志をわかっていなかった。君側の奸を除くという名目に、形勢逆転をねらう慶喜も乗ってしまった。慶喜の軍隊は、大坂を出発、鳥羽と伏見で薩摩・長州の軍隊と衝突した。慶喜の軍隊は薩摩・長州の士気の高さと錦旗をおそれ退却、慶喜は、ごく僅かな供回りだけ連れて大坂城を脱出し、一晩アメリカ船で過ごした後、幕府軍艦開陽で東帰した。帰る場所は江戸しかない。慶喜は時間を稼ごうとしたのであろう。

鳥羽伏見の戦いの後、慶喜追討令が発令された。これによって慶喜は完璧に朝敵となった。いよいよ泥舟の出番である。

3 泥舟奔走、駿府会談の鉄舟

慶応四年正月、鳥羽伏見の戦いの敗戦後、僅かな供連れで帰城した徳川慶喜に、泥舟が初めてお目見えしたのは、慶喜江戸入城の一週間以上たった後であった。

慶喜、江戸に出戻る

その間の事情を泥舟本人の証言（「高橋泥舟居士小伝」『旧幕府』第四巻）によって再現する。泥舟は、慶喜が帰城した後、「ただ王家に恭順して、人民を安心させる以外にない」と考え、単身で拝謁すべく登城した。慶喜の側近らに七日間妨害されて果たすことができなかったという。おそらくこれは、帰城直後の慶喜は、表面上は軍勢を立て直して西上する意向を示しており（石井孝『勝海舟』）、そのため恭順派の泥舟は遠ざけられていたのだと考えられる。ただし、慶喜はすでに大坂城から脱した段階で恭順を考えていたことが、大坂城から慶喜に付き従った側近の医師坪井信良の手紙によって知られている（宮地正人編『幕末維新風雲通信』、小林哲也「江戸無血開城の諸問題」、岩下哲典『江戸無血開城の史料学』）。

遠ざけられていた泥舟としては、それでもただ座視していることはできなかった。閣老小笠原長行に上書して拝謁を要請するなど、ありとあらゆることをして慶喜のお召を待った。小笠原は、かつて文久三年正月、京都の小笠原の宿所で面会し、泥舟は小笠原の当を失した言葉を指摘したことがあった（「高橋泥舟翁事歴」『史談会速記録』第二四八輯）。小笠原は老中ながら率直に非を認め、三度まで謝罪したが、泥舟がなかなか許さなかったことがあった。老中小笠原も泥舟の至誠は大変よく知るところでもあったのである。ただこの時小笠原が江戸城内にいたのかは確認が取れていない。いずれにしても泥舟の上書は小笠原など慶喜の側にいた者の心を動かし、ようやく慶喜からのお召があった。

もちろん、主戦派の小栗忠順が罷免され、慶喜が主戦派を排して恭順派をそばに置くようになったことが泥舟のお召につながったのであろう。

慶喜は開口一番、帰城してすでに一〇日ほどが経っているが、お前がすぐに訪ねてこなかったのはなぜかと尋ねた。泥舟が臆せず答える。

「それは意外な仰せです。私は、過日、伏見の敗戦を聞き、上様が御帰城と聞くと、国家の大事はこのときと、単身で上様に拝謁を願い、かれこれ一週間もお願いしつづけました。ところが、果たすことはかないませんでした。あきらめきれず上書して閣老にお願いしましたが、それでもかないませんでした。私は一人、血の涙を流しておりましたが、今日図らずもお召を知らず、何事かと思い登城致しました次第です」

慶喜は、「余は知らなかったのだ。そちが来ないことをただただ不審に思っていたのだ」と驚きを隠せなかった。そして、慶喜は泥舟に命ずるところがあった。その内容は伝わっていないが、おそらく、これまでの顚末を語り、どうすればよいか意見を述べよとの命であったと思われる。それらを聞いた泥舟は以下のように答えた。

「現在の情勢を鑑みるに、人心は離散して一定していません。現今の私の意見において、最も急務とするところは、ただ王家に恭順して、江戸を戦場にしないこと、人民を塗炭の苦しみにあわせないこと、それのみが最も得策だと考えます」

しかし、泥舟にそう言われても慶喜はなかなか覚悟を決められなかった。

そののち、ついに有栖川宮熾仁親王が総督として官軍を率いて東下することとなって、ようやく慶喜も覚悟を決めた。おそらく有栖川宮家は慶喜の母親の実家なので、嘆願の余地があるのではないかと慶喜自身が考えたのであろう。

泥舟、慶喜を説得する

泥舟は、おそらく勝海舟や大久保一翁らと相談して、慶喜を江戸城から退去させた。泥舟が自ら遊撃隊と精鋭隊の両隊を率いて江戸城西丸から上野東叡山寛永寺に退去する慶喜を護衛した。寛永寺謹慎は泥舟の献策でもあった（「高橋泥舟翁事歴」『史談会速記録』第二四八輯）。このとき慶喜は、軍事は泥舟に委任するとした（安倍『泥舟遺稿』）。このことは大変重大な意味を持つ。これまでの歴史叙述では、どうしても海舟がクローズアップされており、また近年では、天璋院（篤姫）がこの時期の大奥を取り仕切っていて、徳川家の存続を嘆願するため和宮と協力したり、大総督府参謀西郷隆盛宛に書簡を送ったりしたとされている（畑尚子「静寛院宮・天璋院の行動と江戸城大奥の消滅」『戊辰戦争の新視点』上）。それはそれで確かであろう。しかし、徳川家の当主慶喜の絶対的信頼のもとにこの難局に当たったのは泥舟である。もっと言えば泥舟こそが、海舟や鉄舟の働く場を提供したのである。なにしろ慶喜の信頼するのは泥舟ただひとりだったからである。すなわち、慶喜の信頼の元、慶喜の中奥には泥舟が、江戸城の大奥には天璋院と和宮が、表には海舟がいた。そのような役割分担になったということであろう。

ともかく泥舟は慶喜にひたすら恭順を説いたのである。泥舟は、慶応四年正月には二〇〇〇石高の遊撃隊頭となっていた。実行部隊の最高指揮官である。実行部隊の指揮官が泥舟でなかったらどうなっていたか。慶喜が担ぎ出されて、全面戦争になっていたら、今日われわれが知る歴史の姿はなかったかもしれない。なお、このころ遊撃隊頭の最先任の頭は泥舟ではなく、今堀越前守であった。ところが、泥舟は慶喜の信頼が厚く、今堀を飛び越えて命を受けることが多かったため、信義を重んじる泥舟としては、今堀にも同じ命を与えてほしいと慶喜に懇願した（安倍『泥舟遺稿』および「高橋泥舟翁事歴」『史談会速記録』第二四八輯）。慶喜は、もし今堀が不服を唱えるようであれば申せ、今堀を処分するから、ということにもなった。ここからしてもいかに泥舟が慶喜に信頼されていたかがうかがえるのである。

いよいよ官軍が東海道の要、駿府に到達した。天璋院や和宮、輪王寺宮などの使者が朝廷にたてられたが芳しい成果の知らせはなかった。焦った慶喜は恭順の実を挙げるべく、海舟を駿府に派遣しようとした。ところが、大久保一翁に、海舟は徳川方にとって「千両箱」だから最後の切り札にとっておいた方がよいと説得された。三月四日のことである（大田区立勝海舟記念館所蔵「千両箱書簡」『図録　勝海舟』）。そこで信頼する側近泥舟を駿府の官軍に派遣して説明させようとした。しかし、恭順に不満をもった旗本連中のなかには慶喜を旗頭に官軍に一矢報いようとする者もいる。その連中の抑えとして、泥舟は重要だ。慶喜は泥舟を呼び出し涙ながらに嘆いた。

「そなたでなければ、余の命を全うできず、しかしてそなたに去られては不穏な旗本連中を抑える者もいなくなる。そなたがふたりおればよいものを。今、そなたに代わって余の命を全うするものはいないか」

泥舟は「諺に子を見て親を知ると申します。今、旗本のなかで上様の命を全うできるものは、わが弟山岡鉄太郎（鉄舟）以外におりませぬ。お命じになりますか」と答えた。慶喜は涙をぬぐって「そなたの言葉に嘘偽りはなかろう。どうして命じないことがあろうか。そなたが、すぐに命じて駿府に馳せしめよ」と言った。しかし、泥舟は次のように言葉を継いだ。

「この一大事をお命じになられるのは、まったく軽微なことではございません。上様が、鉄太郎をお召になって、直々にお命じになられなければ、ことは成就いたしません。君命の重さがなければ、ことは成就いたさないのです。もし万が一、誤って君命を辱めるようなことがあったら車裂きの刑に処せられるがよろしかろうと存じます」

鉄舟、慶喜から直々に命を受ける

そこで、慶喜は、鉄舟を呼び出し、駿府行きを直々に命じたのである。三月五日のことと考えられる（和田勤「勝海舟史料からみた『江戸無血開城』」）。よく海舟が鉄舟に命じて派遣したとするものがあるが、まったく間違っている。鉄舟は慶喜から命じられた正式な使者というべきである。だからこそ、西郷隆盛は鉄舟に対して、「はしがき」にも述べた五か条の降伏条件を提示した。正式な使者と認めなければ条件を提示するはずがないのである。

もちろん鉄舟は、江戸を出立する時、初めて海舟に会い、海舟と西郷に会う算段など相談した。それで海舟が身柄を預かっていた薩摩藩士益満休之助（庄内藩の江戸薩摩藩邸焼き討ち事件の発端となった関東各地の攪乱を主導したため、徳川方に捕縛され、海舟が預かっていた）を伴い、駿府の官軍参謀西郷隆盛に面会したのである。益満は、鉄舟が海舟の家から自宅に帰るとひょっこり現れたという。鉄舟は益満とは文久期からの知り合いであった。文久期の尊攘派の集まり「虎尾の会」のメンバーだった。益満が途中までいたことで、鉄舟は駿府までたどりつくことができたのだ。道々、益満の薩摩弁が薩摩藩の陣営など通過する際大いに役立ったという。

鉄舟は西郷に慶喜の状況をつぶさに説明し、慶喜の恭順の赤心を述べ、徳川家の救解を嘆願した。一方、西郷は、対官軍交渉担当らしい海舟が武力を保持したまま、鉄舟をよこして交渉してきていることに不信感をぬぐえなかったものの、これを奇貨として、江戸城明け渡し、江戸城内の武装解除、軍艦引き渡し、慶喜の処遇など即決して鉄舟に示したのである。鉄舟は慶喜の備前岡山池田藩お預けだけを不可として慶喜に復命したのである(『最後のサムライ　山岡鐵舟』)。なお、早くから慶喜擁護にイギリス公使パークスが回っていることに頭を痛めていたのが西郷で(石井『勝海舟』)、鉄舟の訪問を渡りに船と交渉に

石川静正画「西郷隆盛肖像画」

はいったとする説は、水野靖夫によって否定されている(水野『定説の検証「江戸無血開城」の真実』)。

なお、鉄舟が駿府に至る事情は鉄舟の「談判筆記」に詳しい(『最後のサムライ　山岡鐵舟』『江戸無血開城の史料学』)。ぜひ後段で「談判筆記」を現代語訳するので読んで頂きたい。鉄舟が渾身の力を振り絞って書いた「談判筆記」こそ、きちんと読まれるべきであると思う。

ただし注意しなければならないのは、鉄舟は、義兄泥舟の発案から自分が派遣されたことは一切書いていない。「談判筆記」が、岩倉具視や三条実美に提出されたものであったことから考えると、明治政府も含め、慶喜以外には一切出仕しないと決心している泥舟のことを書くと、岩倉などから泥舟に仕官の話が舞い込み、泥舟に迷惑が及ぶとして書かなかったものと思われる。

また、たびたび引用している「高橋泥舟翁事歴」(『史談会速記録』第二四八輯)では、泥舟自らの発案で駿府行きを献策したが、能力的にはその任に堪えないので、鉄舟に譲った、とさらりと語ってい

る。これもまた、功績を誇らない泥舟の作為と思われる。また鉄舟が再三固辞するのを説得したとも
している。いまどれが真実かはにわかに判断するのは難しいが、鉄舟は、「幸いにも明眼なる兄泥舟
が不肖鉄舟を引き出してくれたのだ」と深く感謝している（『泥舟遺稿』）。このことから考えて、慶喜
に鉄舟を紹介したのは泥舟と考えてまず間違いはない。

鉄舟を推薦したのは泥舟

いずれにしても、慶喜が、徳川家救解のため山岡鉄舟を大総督府参謀西郷隆盛のもとに派遣した。鉄舟を推薦したのは泥舟で間違いないのである。海舟は最初、鉄舟から相談を受けたに過ぎない。その後、鉄舟が西郷と駿府で会談し、多くを決めてきた。その後で、鉄舟と海舟が、西郷との詰めを江戸で行い、江戸城明け渡しの段取りや徳川家の家名存続が正式に決まったのである。鉄舟が活躍できたのは、泥舟のキャスティングによるところが大きかった。

さらに旧幕府軍艦を率いる榎本武揚や陸軍部隊を率いた大鳥圭介・松平太郎らが憤激して官軍と一戦交えんとしているところに慶喜の命を受けて説得に出かけたのは、泥舟であった。泥舟は言う。

「今、忠の心から、上様のために事を挙げようとしていること、その志自体は良しとしよう。確かに譜代・恩顧のものといってもも離反していくものが多いし、旗本と言ってもその心の奥底は計り知れない。しかしながら、官軍に逆らって戦争したとしても、成功しないのは、鏡にかけて見るより明らかである。それでもなお戦うのは、刃を上様の腹に突き付けるようなものである。これを忍ばずしてほかに何を忍ぼうというのか。どうかこのことよくよく考えてもらいたい」

榎本らは畏まって「はい、はい」と聞いていたが、心を決めることができず、「明日の朝、その答えを出しまする」と言っただけであった。はたして翌朝、泥舟が江戸湾を見ると、旧幕府艦隊の姿はなかった。泥舟の説得は功を奏さず、榎本らはその夜のうちに品川沖を脱走したのであった。おそらく慶喜と泥舟・鉄舟・海舟は暗澹たる気持ちになったのではないだろうか。なぜなら、榎本たちの気持ちもわかっていたからだ。榎本らにもサムライの意地があった。

その後、四月一一日、泥舟は慶喜を護衛して上野寛永寺大慈院から出発、江戸を出て、水戸に供奉したのである。慶喜は幼少期を過ごした懐かしい水戸弘道館に入った。徳川家の存続と慶喜の助命は、鉄舟と泥舟、海舟によって成し遂げられた。次章ではさらに静岡における「江戸無血開城」の交渉（駿府会談）を鉄舟の史料「談判筆記」に基づいて詳しく検証する。

第三章　「江戸無血開城」の功績は誰の手に？

1　鉄舟「談判筆記」から再現する駿府会談

「談判筆記」とは何か

慶応四年三月四日、海舟の駿府行きを中止させた慶喜は、翌五日に鉄舟を呼び出し、駿府行きを命じた。鉄舟はその足で、海舟のもとに行き、相談して、益満休之助を伴い駿府に向け出発した。出発から駿府会談、帰府までの経緯は鉄舟が明治一五年に岩倉具視や三条実美に提出した「慶応戊辰三月駿府大総督府ニ於テ西郷隆盛氏ト談判筆記」（これまで「談判筆記」として記述して来た史料。今後も「談判筆記」と記載）に詳しい。写しが全生庵に所蔵されている。何度も言うが、全生庵は鉄舟が開基となった寺で、「談判筆記」は鉄舟側の史料であり、駿府会談での新政府側の西郷の史料は今のところ見つかってはいない。したがって、駿府会談の内容がわかる唯一の史料といってよい。

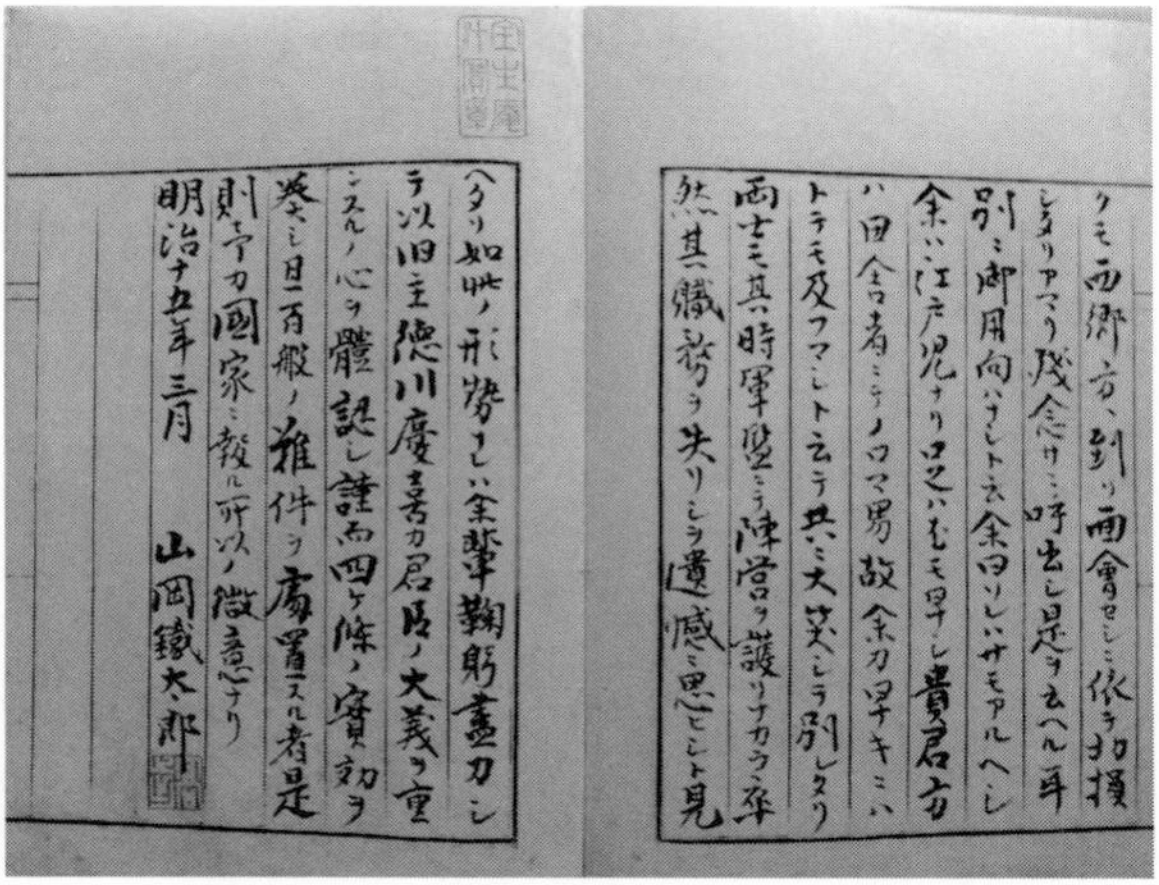

「談判筆記」

これまで、この史料を多くの歴史学者は無視するか、補助的にしか使ってこなかった。なぜなら、明治一五年成立という、駿府会談一五年後の史料であり、信頼できないと考えたからである。しかし、ちょっと待ってほしい。そもそも私たち人間の記憶は、もちろん濃淡がありあいまいなところもあるが、自分の人生の転機となった事柄や、恐怖の体験、特異な経験は、三〇年たっても細部まで覚えていることも多い。鉄舟にとって出世の糸口となった特別な事件であり、ましてや「至誠」の人鉄舟が創作したものとはとても考えられない。私たちは、まず虚心坦懐に「談判筆記」を読むべきだろう。「談判筆記」は『最後のサムライ　山岡鐵舟』や『江戸無血開城の史料学』に翻刻がある。どちらもほぼ同一であるが、鉄舟の序文や鉄舟が敬愛した滴水禅師の跋文がある、『江戸無血開城の史料学』資料編の「山岡鉄舟関係史料」に収録された「談判筆記」を利用する。

以下、駿府会談とその前後を「談判筆記」によって忠実に再現してみたい。現代語訳と解説を交えての再現を試みる。

再現、駿府会談

慶応四年、「官軍」が我が旧主たる徳川慶喜を「御征討」の節、官軍と徳川の間が隔絶した。旧主徳川家の者はどうにも尽力の方法を失った。論議は乱れ、徳川家の主だったものが集まった会議では一人として慶喜の恭順を大総督宮へ訴えようという者も無く、誰もが日夜焦心苦慮するだけであった。そのうち譜代の家士数万人の論議は全く一定しなかった。ある者は江戸城を枕に官軍に抵抗しようとする者もいたし、脱走して事を図ろうとする者もいた。その情勢は言語に尽くすことができない状況だった。

ここでは、慶喜が江戸城に戻ってからの、筆舌に尽くしがたい混乱した家臣団の様子が描かれている。

旧主徳川慶喜は、朝廷に対し公正無二の「赤心」でもって、恭順謹慎の趣旨を厳守すべしと譜代の家士等に命じた。もし従わず事を構える者がいれば、自分に刃を向けることと同じだと達してもいた。それ故に余（鉄舟）が、今日切迫の時勢において、恭順の趣旨はどのようなお考えから出たものでしょうかと慶喜に尋ねた。慶喜は鉄舟に、自分は朝廷に対して公正無二の赤心で謹慎するといっても、朝敵の命が下った上は、とても自分の生命を全うすることは難しいだろうと思うと言い、ここまで衆人に憎まれていることは、かえすがえすも、歎かわしいことだと落涙した。鉄舟は、「何を弱くつまらぬことを申されますことか。謹慎というのはいつわりでしょうか。何かほかにたくらみでもあるのですか」と慶喜に言った。慶喜は、「自分には他意はない。どのようなことになっても朝命には背かない、無二の赤心なり」と答えた。鉄舟は、「真の誠意を以ての謹慎なれば朝廷へ貫徹して、御疑念を氷解することは勿論です。鉄太郎（鉄舟）においては、そのあたりはきっとお引き受けいたします、必ず上様の赤心が徹底するよう尽力致す所存です。鉄太郎の眼が黒いうちは、決してご心配なきように」と断言した。

鉄舟は慶喜に対しても臆せず意見し、その真意をただし、自分が慶喜の「恭順」の「赤心」を朝廷に貫徹することを約束したのである。

鉄舟、海舟に相談する

この後、自ら天地に誓って、死を決し、ただ一人官軍の陣中に至って、大総督宮に慶喜の心中を言上し、国家（徳川家および日本）の為に無事を計らんと切望した。大総督府本営に至るまで、もし自分の命を絶とうとする者がいれば、罪は相手方にある。自分は国家百万の生霊に代わって、生を捨てることはもとより自分から欲するところだ。心の中は「青天白日」のごとく、一点の曇りもない赤心をもって、一二の重臣に相談した。しかし彼らは、「その事決して成り難し」として肯定しなかった。当時、「軍事総裁勝安房」（勝海舟、実際には陸軍総裁）は自分は前々からの「知己」ではなかったけれども、かつて胆略があることを聞いていた。故に海舟のもとに行って、海舟に相談した。

慶喜の直々の命で駿府に赴くことになったが、「一二の重臣に相談した」とある。おそらく高橋泥舟と、慶喜の信頼を得て当時徳川家の財政を司っていた会計総裁大久保一翁（忠寛）らであろうと思う。泥舟は推薦者として鉄舟の成功を期していたと思うが、「無頼の徒で、特に鉄舟には注意せよ」と海舟に語っていた大久保は、まさに「成功はしない」と端から疑っていたものと思われる。鉄舟・泥舟は、海舟が自分をどう思っているかにかかわらず、官軍に太いパイプを有し、胆略ある海舟を見込んで相談する方向を選んだ。大久保が危ぶんでも海舟への相談をしたこと、これが、鉄舟がのちに官軍との交渉に成功する要因の一つでもあったことは否定できない。海舟は赤坂氷川神社のそばに住んでいた。

海舟は、自分（鉄舟）に粗暴の評判があることを、大久保から聞いていたので、「少ク不信ノ色」があった。

海舟は最初、この大男は何をしに来たのかと、大いに疑っていたのである。

海舟は鉄舟に問うた。「君はどのような手段で官軍の営中へ行くのか」。鉄舟が答える。「官軍の営中に至れば、斬られるも縛られるも、その外のことはない。その時は二本の刀を渡し、縛られれば縛られ、斬られる時には我が旨意を一言だけ大総督宮へ言上したい。もし私の言が良くなければ直ちに首を斬るがいい。私の言を良いと思うなら、慶喜と徳川家の処置を自分に任せてほしいというだけだ。良いも悪いもない、ただ空しく人を殺す、という道理も無いと思う。どうして難しいことがあろうか」

鉄舟はあくまでも正攻法である。小賢しい策略や小細工はもとよりしないし、最初から頭にない。どこまでも「至誠一貫」なのだ。

海舟は、鉄舟の精神不動の様子を見て、「断然同意」した。鉄舟の希望に任せることにした。それから鉄舟が自宅に戻ると、薩人益満休之助が来て、同行したいといった。鉄舟は同行を承諾した。

鉄舟の決然たる態度は海舟も動かした。海舟を動かした鉄舟の態度は西郷をも動かすことになる。

鉄舟の態度が何に由来するのかは、後に詳しく述べたいと思う。海舟は、西郷宛の嘆願の手紙をしたため、慶喜の使者たる鉄舟に託したのである。この手紙も西郷には有効だった。なぜなら、鉄舟は西郷とは一面識もなく、海舟の手紙は鉄舟には重要な紹介状だったからである。さらに海舟は自らが預かっていた薩摩人益満休之助を鉄舟に同行させることとした。益満は、江戸の薩摩藩邸を拠点に関東各地で旧幕府を窮地に追い込む工作を行っていたが、庄内藩の薩摩藩邸焼き討ちの直後、旧幕府側に捕縛され、海舟が預かっていたのだ。おそらく自らが薩摩に赴く際の案内人兼人質にしようとしたのであろう。

いざ、駿河へ

鉄舟が播磨坂の自宅に戻ると、薩人益満がやって来て、同行したいといった、と鉄舟は「談判筆記」に書いている。海舟の承諾がなければ、益満が鉄舟のところに来ることは不可能なので、自らのために確保しておいた益満を赴かせたのは海舟その人である。海舟も鉄舟にかけたのである。当然、鉄舟は益満の同行を承諾した。益満とはかつて文久期には「虎尾の会」で旧知の仲だった。こうしたことも鉄舟の成功に味方した。いよいよ出発である。鉄舟の江戸出立は三月六日の早朝と思われる。

すぐに駿府に向かって急行した。すでに六郷河（多摩川）を渡れば、官軍の先鋒はいずれも皆、銃隊であった。道の中央を通行したが、留める人はいなかった。隊長の宿営と見える家に至って、案内を求めずに立ち入り、隊長を尋ねた。これは、と思う人がいた。後に篠原國幹と知った。すなわち大きな声で「朝敵徳川慶喜家来山岡鉄太郎大総督府へ通る」と断ったが、その人が「徳川慶喜」、「徳川慶喜」と二声、小さな声で言ったのみであった。この家にいた軍勢はおよそ一〇〇人ばかりかと思ったが、誰も声も出さなかった。ただ、鉄舟のほうを見ているだけだった。そこでその家を出て、すぐに横浜の方に急いで行った。その時益満も後に遅れて来た。益満がなぜ遅れていたのかはわからない。多摩川を渡った川崎には、官軍の銃を装備した兵隊が充満していた。鉄舟があまりにも堂々と道の真ん中を通って行ったので、止めるものもいなかった。隊長の宿営に行くと、篠原がいた。堂々と「朝敵徳川慶喜家来山岡鉄太郎大總督府へ通ル」と断ったが、小声で「徳川慶喜」と二度つぶやいただけで、追ってもこず、声も出さなかった。鉄舟としては、正式に通過することを断ったが、相手方は何のことかわからずに通過させてしまったということになる。

横浜を出て、神奈川宿に入ったが、そこは長州隊の駐屯地であった。ここでは兵士は各旅館に入っていて、宿場の前後に番兵を出して警戒していた。ここでは益満を先に立たせ、自分は後に随って「薩州藩」と名乗り、急いで行ったが、更に留めるものはいなかった。それから「薩藩」と名乗りをあげれば、無印鑑であっても礼を厚くして通行させてくれた。

薩摩の陣営でない場合は、「薩摩藩」と名乗れば通してくれた、とする。官軍といってもできたばかりで、各藩ごとの軍隊だったため、鉄舟のような形で通過すれば問題なく通過できたのである。おそらく益満の薩摩弁が役に立ったのであろう。

小田原宿に着たころ、江戸の方で兵端を開いたと言って、物見に行く人数が路上に絶えなかった。東に向けて出張していった。そこで、戦争はどこで始まったのかと尋ねたところ、甲州勝沼のあたりということだった。以前、ちらっと聞いたところでは、近藤勇が甲州へ脱走したようだとのこと、はたしてこれだろうと思った。

小田原宿では、鉄舟は江戸の方で戦争が始まったと聞いた。「物見」は偵察だろう。そうした人々から情報を収集すると甲州勝沼だとわかった。以前、元新選組隊長近藤勇が甲州に脱出したことを聴いていたので、近藤らが戦争を起こしたのだとわかったとする。近藤の甲州脱出は、海舟などから聞いていたのであろう。この分析が、西郷との会談でも有効に活用されたが、それは後に述べる。鉄舟と近藤は、これも文久期に浪士組時代に知り合っている。近藤は多摩の農民出身で市ヶ谷試衛館館主、浪士組に応募し、清河八郎とたもとを分かち、京都に残留し会津藩御預新選組として京都の治安維持に尽力した。近藤は負傷して参戦しなかったが新選組は鳥羽伏見で奮戦した。江戸に引き上げ、海舟から甲州鎮撫隊を組織するように命じられ、勝沼戦争で官軍と衝突した。敗れて、下総流山で官軍側に捕縛され、板橋宿で処刑された。時期は特定できないものの、のちに鉄舟は国泰寺に近藤所用の甲胄を寄進していて、最近それが再発見された。筆者も、一度は新湊博物館の展示ケースごしに、また二度目は国泰寺の鉄舟忌の特別観覧で直に見ることができた。近藤のために特別にあつらえられたというよりは、量産されたもののようだが、ともに徳川家のために尽力した者としてある種の感慨をもってこの甲冑を奉納したのであろう。近藤にシンパシーを持っていたものと思われる。高幡不動の、近藤と土方歳三の追悼碑「殉節両雄之碑」は明治二一年七月建立された。まさに鉄舟が亡くなった月である。この碑に鉄舟の関与は見られないが、松平容保篆書、松本良順書大槻磐渓撰文を見上げると、何かを感じずにはいられない。

駿府会談始まる

話を鉄舟の駿府行きに戻す。いよいよ駿府に到達した。三月九日の夕方である。益満休之助は途中で体調をくずし、駿府へ到着した時は、鉄舟一人であった。また、由比宿では望岳亭藤屋から船で、清水に上陸、その後静岡に至ったとされるが、「談判筆記」には記されていない。

昼夜兼行で、駿府に到着した。伝馬町某家を旅営としていた大総督督府下参謀西郷吉之助方に行って、面謁を願った。同氏は異議なく対面してくれた。自分は西郷氏の名を聞くことが以前あったが、一面識もなかった。西郷氏に問いて言うには、「先生にご意見を伺いたい。今回の朝敵征討の御旨意は、是非を論ぜず、つまり良いも悪いもなくただ進撃することですか。我が徳川家にも多数の兵士がいます。是非にかかわらず進軍するとなれば、主人徳川慶喜が今、東叡山菩提寺に恭順謹慎して居りますが、家士共に厚く説諭しても、鎮撫が行き届かずに終わることになります。あるものは朝意に背き、または脱走や従わずに戦争を計画してしまうものも多くいるかもしれません。そのようなことになれば主人徳川慶喜は公正無二の赤心をしたとしても、そして君臣の大義を重んじても、朝廷には届かないことになってしまいます。それ故に自分はこのことを残念に思い、大総督宮へこのことを言上し、主人慶喜の赤心を達せんために、ここまで参りました」

西郷の宿所は駿府の上伝馬町屋松崎屋源兵衛宅であった。今日、その近くには「西郷隆盛・山岡鉄舟会見の碑」（駿府会談の碑）が、静岡市によって建立されている。鉄舟は開口一番、官軍は是非もなく徳川家を滅ぼすつもりなのか、慶喜を弑するつもりなのかと切り出した。是非なき戦いをするなら、こちらも是非なき戦いをせざるをえなくなる、と西郷の心に正面から切り込んだのである。まさに真剣勝負だ。これに対して西郷は何と答えたか。

駿府会談の碑

西郷氏曰く、「最早、甲州にて兵端を開いたという旨の注進があった。先生の言うところとは相違がある」と言った。

西郷は言う。もはや旧幕府側から戦端を開いている、鉄舟の言動が一致していないとした。

鉄舟は、「それはたまたま脱走の兵がやったことである。もしも兵端を開いたとしても、何らの情報を持っていない」と言った。

鉄舟は、彼らは脱走兵で慶喜とは関係がないと主張した。もちろん幕臣がかかわっているかぎり、まったく関係がないわけではないが、ここはそう言うしかない。そしてそれ以上は情報がないとした。

西郷氏曰く、「それならばよし」、と言ってあとは問わなかった。

西郷としては、甲州の騒乱は、追っ付け鎮定されることを知っていたので、これ以上の深追いは必要ないと考えたものだろう。

鉄舟が言った。「西郷先生におかれては戦をどこまでも望まれ、人を殺すことを専一になさるおつもりでしょうか。それでは「王師」(天子の、正義の軍隊)とは言い難いと思います。天子は民の父母です。理非を明にするのが「王師」です」

鉄舟は「王師」という言葉の刃で、西郷に迫る。「王師」「王城」「王家」は日本では、特別な意味を持つ。「王師」は「天皇の軍隊」「官軍」、「王城」は「天皇の御所と京」、「王家」は天皇家で、間違いを犯すことのない、絶対的な、といったイメージがあった。どのようなときにも天皇は庶民の味方というイメージである。だからこそ、鉄舟は「王師」を使って、西郷に迫ったのである。それゆえ西郷は下記のように言わざるをえなくなる。

西郷氏は言った。「ただ進撃を好むにはあらず。恭順の実効さえ立てば寛典の御所置はあろう」

鉄舟は畳みかける。

「その実効と言うのはいかなることであるのか。もちろん、主人慶喜においては朝命には背くことはない」

話はもはや、「王師」云々よりも慶喜の恭順謹慎がどのようなものであれば許されるのかに向かっていた。

西郷氏は言う。「先日来、静寛院宮、天璋院殿の使者が来て、慶喜殿の恭順謹慎の事を歎願したが、ただ、恐懼するばかりで、当方はほとんど条理がわからなかった。それで空しく立ち戻ることになった。そこに山岡先生がここまで出張され、江戸の事情も判然とした。大いに都合がよい。ゆえに以上の趣を大総督宮へ言上いたそう。ここに控えでいてもらいたい」と言って、松崎屋から駿府城の大総督宮へ伺候した。

先日、静寛院宮、すなわち和宮や、天璋院すなわち篤姫の使者らがやって来て、慶喜の恭順謹慎を嘆願したが、ただただ恐れ入るばかりで一向に説明がわからなかった。それで空しく戻ることになったのだ、と西郷が言ったと鉄舟は言う。

和宮や天璋院の使者

和宮の使者は、一月二一日に江戸を出発した土御門藤子で、和宮の直書を持って、二月六日上京した。二月三〇日に江戸に戻る。確かに、この使者は慶喜の恭順が実効のあるものならば、その命を助け、徳川の家名存続は可能であることを伝えたことでは、旧幕府側にとって極めて重要であった。が、しかし西郷にとって、慶喜や旧幕臣の動静を知る上では十分ではなかった。藤子にはそうした情報が期待できなかったからだ。ただし、西郷がどの段階で土御門藤子に会ったのかは特定できない。おそらく二月下旬、静岡を通過した時であろう。藤子は三月一〇日にも和宮の直書を持って静岡に向かっている。

さらにその翌日三月一一日篤姫の使者幾島は、篤姫の「隊長宛書状」を持って出発しているが、山岡との駿府会談は三月九日なので、西郷がいう篤姫の使者の話はこれより前のものもあったのであろう。それは知られていないし、現段階では確認できない。なお、幾島と西郷は翌三月一二日に川崎宿で面会している。和宮の使者はありえるが、篤姫の使者は三月九日の駿府会談のあとのことになるので、篤姫に関しては鉄舟の聞き間違いや書き誤りの可能性もあることは指摘しておきたい。

ただ西郷が江戸や甲州などの軍事的情報を欲していたことは事実だ。そこに絶好のタイミングで鉄舟が現れた。聞くと、江戸や甲州の事情も判然とした。西郷は確実な情報を欲していた。そこに確実な情報を持った山岡がやって来たということである。

なお、三月八日付で海舟は、鉄舟と益満宛てに書状を書いている（『勝海舟全集』二二、秘録と随筆、講談社）。八日には、鉄舟と益満は東海道を駿府目指して移動中だったので、この書状が実際に鉄舟の手許に届いたのかは不明である。ただ内容は実に興味深い。

すなわち、「急いで話す。かねがね内々に話していた脱走者が多くて手にあまって困っている。すでに甲州でも暴発した。今日一日そのことで大苦心した。人数は六〇人ほど、新徴組だ。おそらく散り乱れるだろう。これらは非力な自分の手にあまり恐れ入る次第。同志の者は他にはいない。たとえ他にいなくても力の限り防止するので御心配なきように。かつ、先月熊谷あたりに集結した者たちは大砲もあるが、朝廷に敵対する者ではない。しかしながら実態は、会津藩士脱走の者で、熊谷を目当てに集まらせ一気に鎮撫するための策でもある。あまりいい案ではないが、あらゆる方向にたくさんの士民が脱走するので、そうした奇策も用いなければ鎮撫も難しい。自分の責任で奇策も用いたいと思う。こののち暴動があれば自分も直ちに出張するつもりだ。江戸の今日の有様は嘆息の極みだが、死ぬまで鎮撫する決心だ。新政府の参謀や司令官たちにしかるべくお伝え願いたい」というもの。西郷らが欲しがった情報はこれらの情報だろうと思われる。しかしながら、はたしてこの書状はどのような経緯で『海舟全集』に収録されたものなのか、写しなのか、原本なのか、実際に発信されたものなのか、鉄舟と益満はどのように受け取ったのか、疑問は尽きない。が、今現在これ以上に判断する決め手を欠く。あくまでも参考までに書いておく。

さて、鉄舟から江戸や甲州の最新情報の話を聞けたことのみならず、鉄舟が西郷の方に来た事自体が西郷にとって大いに都合がよかったのである。ゆえに以上の趣を大総督宮へ言上、伺候となったわけだ。

では、西郷にとって都合がよいとは何か。さらに細かく考えてみよう。

このまま空しく駿府で時を無駄にしたくない、と西郷は考えていたのではないだろうか。鳥羽伏見の戦いから、西郷は一刻も早く江戸城を奪取し、慶喜の命を取ることを目標にしていたのだった。そこで、厳しい降伏条件を徳川方に突きつけ、徳川方が怒って戦争を仕掛けてくるように仕向けたのである。慶喜を断然誅罰すべしと考えていた西郷が、鉄舟に論難されながら、逆に仕掛けたかっこうだ。

くわえて、鳥羽伏見が終わって、この時点まで、彦根の井伊家や大垣の戸田家、尾張の徳川家が朝廷側について、特に尾張徳川家が猛烈に東海諸藩や旗本・寺社に対して勤皇を誘引し、証書まで集めていた。戦争がないことはありがたいことだが、軍功がないことには、将兵の士気が落ち、軍律を維持することが困難になる。このことも西郷の懸念したことだ。さらに新政府軍は、誕生したばかりの諸藩の集合体に過ぎないからなおさらだ。そのことは道々鉄舟にも見透かされていたことは「談判筆記」に明らかだ。人間は共通の外敵に一丸となってこそ、威力を発揮する。こうした諸点から鉄舟に降伏条件を示すことは、西郷にとって実は大いに都合がよかったのである。

五か条が初めて示される

しばらくして西郷氏が帰営した。大総督府宮より五か条の御書、御下げがあったという。それには次のように書かれていた。

一、城を明け渡す事
一、城中の人数を向島へ移す事
一、兵器を渡す事
一、軍艦を渡す事
一、徳川慶喜を備前に預ける事

戻った西郷が示したのは、宮からの御書、書付であった。そこに書かれた条件は、江戸城明け渡し、江戸城警衛の人数、すなわち将軍の親衛隊である旗本・御家人を墨田川の東側の向島に移動させること、江戸城の兵器・徳川家の軍艦の引き渡し、慶喜を備前池田家にお預けとすることである。

なお、後に勝海舟の日記にはこの五か条のほかに、「慶喜の妄動を助長した面々を調査し厳重に謝罪させせよ」「なんでもかんでも粉砕するのではないが、手に余れば官軍が鎮圧する」が加わっている。

七か条の順番は、備前池田家預け、江戸城、軍艦、武器、旗本等移転、助長者の謝罪、官軍鎮圧で、異同がある。五か条だったのか、七か条だったのかはにわかに判断が難しい。鉄舟の「談判筆記」五か条を信じるか、海舟日記の七か条を信じるかだが、駿府会談の談判の当事者である鉄舟と西郷の段階では五か条だったものが、そのあとの三月一三日、一四日の段階で、助長者の謝罪と官軍鎮圧が加わったと考えておく。なお、西郷が最初に提示した時の文書（宮の御書）の順番では、備前池田家預け、江戸城、旗本等移転、武器、軍艦だった可能性が高い。提示の直後に生じた、鉄舟と西郷との交渉で問題になったのが、慶喜の備前池田家お預けだったからである。最初に書いてあったことが、最後まで問題になったと思われる。それを見る前に、五か条の御書を提示した西郷の言葉を聞こう。

西郷氏曰く、「右の五か条の実効が立つことになれば、徳川家に対して寛典の御処置があるであろう」

西郷は、戦争誘引の真意を秘めて、五か条が実行できれば、徳川家への寛大な処置はありうるとした。鉄舟は何と答えたか。鉄舟と西郷のやり取りを一気に「談判筆記」から再現する。

鉄舟は、「謹んで承りたく思いますが、しかし、右の五か条のうち一か条は、自分だけではどうしても御請けすることが困難なものがあります」、と切り出した。

西郷氏が聞いた。「それは何のか条であるか」

鉄舟が言う。「主人慶喜を一人備前池田家に預けることです。決してできることではありません。備前池田家にお預けとなれば、その段階で徳川恩顧の家臣たちは決して承伏はいたしません。結局のところ戦争になり、空しく数万の生命が失われることになるでしょう。これは「王師」のすることではございません。そうなれば、西郷先生はただの「人殺し」です。それ故に自分はこの条文は決して肯定できるものではございません」

五か条の条文の最初にあったと思われる、慶喜の備前池田家お預けは、西郷らが仕組んだ巧妙な罠であった。備前岡山池田家の当主池田茂政は水戸斉昭の九男九郎麿、七郎麿慶喜の弟である。親族だからお預けもよいだろうというわけにはいかない。他家にお預けになるというのは、罪人として預けられることで、預けられた家、この場合は池田家の負担で養い、監視することになる。池田家としては任されたわけだから、池田家の事情でどのようにもできる。池田家が慶喜の生殺与奪の権限を持つことになるのである。近世の例でも、たとえば、不行跡をとがめられた駿河大納言忠長が高崎藩安藤氏に預けられ、一年ほどで自害したように（小池進『徳川忠長』）、文字通り家臣の手の届かないところに行ってしまうのである。このような悲劇は枚挙にいとまがないので、鉄舟は断固反対したのである。

この時、鉄舟は知っていたかどうかわからないが、備前池田家の茂政はまさに微妙な立ち位置であった。慶喜のいわゆる「大政奉還」（正確には「政権奉帰」、前掲小林哲也）の後、茂政は朝廷から上京の命を受けたが上京せず、駿府会談の僅か一か月前に勅命でやっと出兵に応じていた。茂政は病気を理由に隠居願いを出し、三月一五日に隠居が認められ、支藩鴨方の章政に家督を譲ったのである。つまりこの段階でもし、慶喜の弟が藩主だとして備前池田家預けを認めていたら、すぐに藩主が変わって、まさに慶喜と関係が薄い藩主のもとで、さらに過酷な運命が慶喜を待ち受けていたといってよいであろう。歴史とは偶然の織り成すものでもあったのだ。もちろんそこまでの事情を鉄舟は知らなかったと思うが、西郷らは十分知っていて、備前池田家を選んだのではないだろうか。そうだとしたら、誠に恐ろしい罠であった。

粘る鉄舟、拒絶する西郷

さて、鉄舟の君臣の情誼を重んじ、戦争を回避し、「王師」を強調する論理展開に対し、西郷はどのように反論したのか。

西郷氏曰く、「朝命なり」。鉄舟は言う。「たとえ朝命だといっても、自分は決して承伏できないと断言します」。西郷氏、また強いて「朝命なり」と言う。

西郷には「朝命」、天皇の命令だと言うしかなかったのである。鉄舟は朝臣ではないし、慶喜の命と徳川家臣団の命運、江戸庶民の暮らしがかかっていたから、一歩も引かない。このままでは平行線、交渉決裂かと思われたその時、鉄舟から西郷への助け舟が出た。

鉄舟は言った。「それならば、西郷先生と自分と、その立場を変えて論じましょう。先生の主人は島津公ですが、もし誤って朝敵の汚名を受け、官軍征討の日にあたって、その君が恭順謹慎の時になって、先生が私の今置かれている任務になった場合、主家のために尽力することになりましょう。その時、私の主人慶喜のような御処置の朝命があった場合、先生はその朝命を奉戴して速やかにその君を差し出し、安閑として傍観する事ができますか。君臣の情は、先生の場合どうなのでしょうか。この点においては、私はとても耐えることができないところです」、と強く論じた。

自分に要求をのませようと迫ってくる相手に対し、攻守、所を変えれば、今まで見えていなかったことが見えてくるのである。相手の立場に立つことがいかに重要かは論ずるまでもない。「あなたにそれができるのか」と言われれば、まず、できない話で、西郷は自らの非、軍を求める事、罠にはめる事、戦争をする事の間違いを悟ったのである。ゆえに、

西郷氏は黙然。つまり黙り込んだ。しばらくして、口を開く。「先生の説はもっともである。であるなら、すなわち徳川慶喜殿の事については、この吉之助がしっかり引き受けて取り計らいます。鉄舟先生が、心痛するようなことは決してない」と誓約した。

西郷にコペルニクス的な転換が起きた瞬間である。この男には、もはや小賢しい欺瞞や策略は一切通用しない。真実を語り、誠実そのものの、この男にかけてみよう。西郷はそう考えたのだと思われる。官軍が充満する街道を、西郷の知人益満と潜り抜け、勝海舟の手紙も持ってきて、江戸や甲州の実情をきちんと語り、交渉においても主人大事の一点において何のたくらみもなく、ただただ慶喜の身を案じ、君臣の情誼を語る鉄舟にかけてみることにしたのである。慶喜の側には、鉄舟の義兄高橋泥舟がいる。泥舟は文久期には最もよく知られた幕臣で、尊攘派だ。岩倉具視にも注目されていた人物で、その義弟が鉄舟だ。今この男を信じてみる価値はあると西郷は考えたのであろう。「談判筆記」では、この後に西郷が今回の談判で最初のころのことを語ったと筆記している。

この後で、西郷氏が余に言った。「先生は官軍の陣営を破って駿府に来ました。捕縛するのは簡単だったのですが、捕縛しなかったのですよ」。鉄舟が答えて言うには、「縛につくはもとより自分が望むところです。早く捕縛してください」。西郷氏は笑って言った。「まず酒を酌しましょう」。数盃を傾け、そろそろと、暇を告げれば、西郷氏は大総督府陣営通行の符（通行証）を与えてくれた。それをもらって辞去した。

捕縛できるのにしなかった、というのはいかにも苦し紛れである。禅問答のような鉄舟との交渉で、いささか、否大いに譲歩させられたのが少し悔しかったのであろう。酒宴になり、そこでも西郷は鉄舟を観察していたであろう。その上、官軍の中を無事通過できるように通行証を発給してくれた。一人で責任を負った西郷としても、無事に江戸に到達して寛永寺に謹慎中の慶喜に復命し、大久保一翁や泥舟や海舟と相談して当初の目的を貫徹してほしいと思ったのだろう。

ところで、鉄舟は十分に知らなかったと思われるが、鉄舟と西郷の駿府会談が行われていた時、駿府には、輪王寺宮公現法親王が、慶喜の嘆願の使者として滞在していた（浦井祥子「慶応四年の輪王寺宮と大総督府による『駿河会談』について」）。応対したのは、西郷と同じ大総督府下参謀で宇和島藩士の林玖十郎であった。三月七日と一二日に会談が行われた。七日には慶喜の直書が披露され、事務的な確認がなされた程度とされている。そこに鉄舟がやって来た。そして今まで記述したような実質的な交渉がなされた。交渉は西郷が主導して行われた。一方、輪王寺宮にはそのことは告げられず、一二日の会談では慶喜の直書は返却されてしまい、大総督有栖川宮からは慶喜の謹慎は信用できず天皇に取次はできないとして結果的には輪王寺宮は交渉に失敗した。鉄舟には五か条の条件を提示したのに、また慶喜の謹慎先の交渉を行い、保留にしたのに、そうしたことを大総督府側は一切述べていない。大総督府側、特に西郷は輪王寺宮を交渉相手とは考えていなかったのであろう。実質的に新政府や大総督府の軍隊を動かしていたのは、大久保利通や木戸孝允、西郷隆盛などであったためであろう。林は輪王寺宮一行に早く江戸に戻れと指示するのみであったという。この点では、林も西郷・山岡会談の結果を承知しており、輪王寺宮の役目はすでに終わっていたことを示していよう。宮は一四日に出立した。宮の側近覚王院が急ぎ江戸に戻り、一七日慶喜に会っているが、そこで鉄舟の行った交渉内容など聞かされ、愕然としたのではないだろうか。自分たちの活動がまったく実を結ばなかったことを至極残念に思い、鉄舟に良い感情を持たなくなったと考えられる。後に上野彰義隊戦争直前の段階で、鉄舟の「暴発をしないでくれ」という説得を覚王院が一切受け付けないのは、このことに原因があったのだろう（後述）。

江戸へ急げ

話を鉄舟の駿府会談後に戻す。会談は終わったが、無事に江戸に戻って復命しなければならない。鉄舟の苦難はまだまだ続いた。

帰路を急行した。鉄舟が神奈川宿を過ぎるころだった。乗馬五六匹を牽いて行く一行があった。いずれの馬であるか尋ねると、韮山代官・江川太郎左衛門のところから出した、官軍用の馬であるとのこと。その馬二匹を貸してもらいたいと言って、直ちに益満とともにその馬に跨がり、馳せて品川宿に至った。官軍の先鋒はすでに同宿にいた。番兵が、自分に「馬を止めよ」と言ったが、自分は聞かなかったふりをして馬を進めた。急に三名の兵士が走って来て、そのうちの一人が、自分が乗った馬の平首に銃をあて、自分の胸に向かって発砲した。奇妙なことに、雷管は発射音がしたが、弾丸は発することがなかった。益満が驚いて馬から下り、その兵の持った銃を打ち落とした。我らは西郷氏に応接された者たちだと、通行証などを示したが聞く耳を持たなかった。伍長のような人が出て来て、その兵士を諭した。兵は不満げに退去した。伍長は薩摩藩士山本某という人であった。もし銃弾が発射されていれば、この場所で死んでいたかもしれない。幸いに天が私の生命を守ってくれたのだろうと益満とともに馬上で談じながら、急いで江戸城に帰ることができた。

急ぎ帰らねばならず、江川代官が官軍に供出した馬を借り受けた。品川宿では通行証があっても発砲されるという、なかなかきわどい場面もあったが、なんとか江戸城に戻ることができた。なお、薩摩藩士山本何某は、後の海軍大臣・総理大臣山本権兵衛ではないだろうか。山本は鳥羽伏見、越後、庄内を転戦しているので、このころ品川宿にいても不思議ではない。鉄舟が、当時において山本を知っていたのか、あるいは益満が知っていたのか、その場で聞いたのか、「談判筆記」の記述だけでは不明である。次は江戸城で大久保や海舟、泥舟に報告した場面からだ。

即ち大総督宮から御下げの五か条や西郷氏と約束したことなどを詳細に参政大久保一翁や勝安房等に報告した。両氏、そのほかの重臣らは、官軍と徳川間の事情を貫徹したことを喜んだ。旧主徳川慶喜も欣喜、言葉を以って言うことができないほどだった。

鉄舟が駿府から持ち帰った五か条の御書と慶喜の備前池田家お預けの保留は、まさに慶喜主従のすべての喜びとするところであった。大久保も海舟も泥舟も、そして何より慶喜の喜びようは尋常ではなかったと思われる。そこで江戸市中にも触れを出した。

直ちに江戸市中に布告を出した。その大意は以下の通りである。大総督督府下参謀西郷吉之助殿へ応接が済んだ。慶喜上下による恭順謹慎の実効が相立てば、寛典の御所分になるということなので、市中一同動揺しないように、家業をすべしとの高札を江戸市中に立てた。これによって市中の人民の顔には少し安堵の色が戻った。

市中に触書が回った時期や内容、高札が掲げられたそれを特定はできないが、『藤岡屋日記』には、山岡の活躍を記述した部分もある。『藤岡屋日記』第一五巻、慶応四年三月の記事の中に山岡鉄舟に関する記録が収録されている（以下、日記と略称）。

江戸のうわさ

日記によれば、山岡は「元小普請」で「新徴組組頭相勤候」「当時　精鋭隊頭取」と紹介されている。山岡が、「元小普請」で「新徴組組頭相勤候」だったということはないが、新選組の前身の前身である浪士組の「浪士取締」だったことを、そのように表現したのだと考えておく。慶応四年三月には、精鋭隊頭取から同頭になっているから、日記の記述は目くじらをたてるほどではない。日記の記事によれば、鉄舟は「官軍参謀西郷吉之助」に面談するように命ぜられ、「軍門」を目指して行ったところ、途中「関門」があって遮られ、銃口を向けられた。鉄舟は、「泰然として」言った。「徳川家之直臣山岡鉄太郎、主用ニより参謀西郷吉之助ニ面会之為、其陣処ニ往んと欲す、敢て異心有ニあらず」云々と。つまり、「徳川家の直臣山岡鉄太郎は主命により参謀西郷に面会のため、その陣所に行きたいのだ。決して他にたくらみがあるのではない」と言った。さらに、「私を討つなら討て。討ちとって首を西郷に差し出すがよかろう、そうでなかったら異議なく通してもらいたい」と言うと、官軍側は一人も手出しすることなく鉄舟を通過させたとする。先に紹介した「談判筆記」にはただ「朝敵徳川慶喜家来山岡鉄太郎大總督府へ通ル」と口上したとする。日記の記事の方が、かなり詳しい記述になっている。なかなかの見せ場である。

さらに、参謀の陣所で西郷に対面したところ、西郷の左右には鉄砲を構えた従者、鉄舟の後ろには白刃を構えた官軍側兵士がいたという。これも日記にのみある情報だ。日記によると、鉄舟は、以下のように西郷を説得したという。主人慶喜は、東叡山にて恭順謹慎しており、臣民も恭順の道を失わないようにしているが、江戸は諸国人の入り込むところなので、心得違いの者もいるかもしれない。この件承知していただきたい。また、恭順謹慎すれば、東征が免じられるはず、それなのに討ち入りとなれば、人心は服さない。どうか人心が折り合うように取り計らっていただきたい。さらに、陸海軍武器の引き渡しの沙汰は奉じがたい。国に武器があるのは、武士が両刀を帯びるのと同じであるから、渡す道理はない。どうか再考いただきたいとした。それを聞いて西郷は「尤もの事なり、一応評議すべし」と答えたので、鉄舟は江戸に立ち返り、復命したとする。

日記には、慶喜の恭順謹慎の説明はあるが、「談判筆記」に記された、西郷側からの慶喜の助命・徳川家存続の条件は収録されていない。これがあったからこそ、一五日の江戸総攻撃が中止され、一三、一四日の西郷・鉄舟・海舟による江戸会談が行われたのである。日記の西郷の答えも「尤もの事なり、一応評議すべし」はあまりにも木で鼻をくったような返答で、あまり好感が持てない。筆記に記された、威圧の中にも温情ある西郷の対応とはずいぶん違うイメージだ。総じて日記の記述は、一部に詳しい部分があるものの、十分に事実を伝えているとは言い難い。

さらに、もう少し日記を読み進めると、以下のように書かれている部分が目に留まった。東海道・中山道・奥州街道三道からの攻撃のはずが、海舟の「非常之尽力周旋」によってその危機が回避された。この上は江戸人が暴発さえしなければ、官軍の応接も行き届くだろう。ただただ「軽挙妄動」を恐れる、というものだ。

「江戸無血開城」に海舟の尽力は鉄舟ほどでもなかったとする、筆者の立場からは、少し見解を異にする史料である。が、しかし当時からそうした見方があったことは認めなくてはならないだろう。もちろん、同時代の新聞にも海舟の周旋を重視したものがあり、それは拙著『江戸無血開城』でも余すところなく紹介しておいた。

これら海舟の周旋が重視されているのは、海舟が、激高したり不安になっている江戸の庶民や旗本・御家人などに対して、軽挙妄動を戒め、官軍に恭順することを説得する時に、自分が西郷とこれこれ、こうして交渉したから大丈夫だよ、だから安心してくれと説明、説得する際に弄した言説がそのまま残ってしまったのだろう。つまり日記の話の骨子はどうやら海舟の口から出たことが書かれているように思われる。武器の引き渡しを拒否する理論は、のちに海舟が新政府との交渉に持ち出すものであり、山岡の功績を認めつつも自分の尽力を上手に加える海舟の手法がかいまみられるのである。

さて、話を戻して、鉄舟帰府後の動きを「談判筆記」から考えたい。
三月一三日、一四日の薩摩藩邸での西郷・海舟・鉄舟会談が簡単に記述されている。

江戸談判始まる

その後、西郷氏が江戸に到着した。高輪の薩摩藩邸において西郷氏と勝安房と鉄舟が相会した。西郷と鉄舟が共に先日約束した四か条は必ず実効をあげるべきと誓約した。故に西郷氏は承諾して、進軍を止めた。

聖徳記念絵画館の絵画「江戸開城談判」には、西郷と海舟しか描かれていないが、確かに鉄舟もいた。それは、「談判筆記」に明らかである。絵画「江戸開城談判」を昭和一一年（一九三六）に寄進したのは西郷家と勝家である。山岡家は寄進に参加しなかったので、鉄舟が描かれることがなかった。それで、「江戸無血開城」は西郷と海舟の二人で成し遂げたかのように思われているがまったく違う。今まで見てきたように、五か条のうち四か条は、西郷と鉄舟の駿府会談で決まっていて、鉄舟が一か条、慶喜の備前池田家お預けを保留にしてきたので、田町と高輪の薩摩藩邸における江戸会談は、駿府会談の四か条の確認と、残った一か条を決めることだったのである。八割は鉄舟が駿府会談で決めて来たのである。このことはこれまで筆者が関係した書籍やメディアなどでかなり言い続けてきたが、まだまだ浸透していない。画像情報の定着の恐ろしささえ感じる。多くの人に「江戸無血開城」の真実を知っていただきたく思う。さてその江戸会談でのエピソードが「談判筆記」に記されている。

この江戸会談の時、徳川家の脱走兵なるか、軍装をしたものが同邸の後の海に小舟七・八艘に乗り組み、およそ五〇人計り、同邸に向かって寄せ来た。西郷氏に附属の兵士、変事の出来るを驚き奔走した。安房も自分もこの状況を見て、誰なのかとひそかに恐れていた。西郷氏は神色自若、特に顔色も変えず、鉄舟に向かって笑って言うには、「私が殺されると兵隊が奮い立ちます」。その言の確固として不動なること、真に感ずるべきことであった。しばらくしてその兵たちはいずれへか去っていった。まったく脱走兵と見えた。このような情勢であったので、西郷氏の応接に行くごとに自分は西郷の往復の道も護衛を買って出た。徳川家の兵士たちは議論百端、殺気もいうべからざる勢いで、もし西郷氏を途中に殺さんと謀る者があれば、自分は以前の約束に対してはなはだ恥いるばかりである。万一の不慮の変あるときは、西郷氏とともに死を心に決めて護送した。

海浜の蔵屋敷田町邸であろう。徳川の脱走兵総勢五〇人ばかりが、七～八艘の小船に乗って、こちらに向かってきた。おそらく榎本艦隊の偵察隊かと思われる。海舟も鉄舟も何か起きるのではないかと思ったが、西郷は泰然自若として「自分が殺害されれば、兵士たちがかえって発奮する」と笑っていたという。家近良樹氏がいうように西郷は死に場所を求めているようにも思える（『西郷隆盛』）。しかし、西郷に死なれては、駿府会談以来の約束が反故になる。万が一の場合は西郷とともに死ぬ事を覚悟して、鉄舟は西郷の護衛を買って出たのであった。鉄舟のこうした誠実さ、至誠一貫はますます西郷の心に残ったものと思われる。これが、後の、明治五年（一八七二）に鉄舟が明治天皇の侍従に任命されるきっかけになったものと思われる。詳しくはわからないが、西郷が岩倉や三条に推薦したものと思われる。また江戸会談日のエピソードが記される。

桐野利秋の恨み節

登場人物は薩摩藩士、村田新八と中村半次郎こと桐野利秋である。桐野は、自分の師でもあった上田藩士で洋学者の赤松小三郎を暗殺するほどの男であった。

この日、大総督府下参謀より急ぎの御用があり、出頭すべしとの御達があった。自分が出頭すると村田新八が出て来た。先日、官軍の陣営を足下がみだりに通行した。その旨、先鋒隊より報知があった。我と中村半次郎（桐野利秋）と足下を跡より追いかけ斬り殺そうとしたが、足下が早くも西郷方へ至り、面会したため斬り損じた。余りの残念さ故に呼び出し、このことを伝えるためだけに呼んだのだという。それ以外に特別に御用向はないともいうことだった。鉄舟は、それはそうだ、自分は江戸っ子だ。足は最も速い。貴君方は田舎者にて「ノロマ男」故に、余の速いのにはとても及ぶまいと言ってともに大笑して別れた。両士もその時、軍監にて陣営を護りながら、突然その職務を全うできなかったことを残念に思っていたのだろうと思う。

鉄舟に出し抜かれた、村田新八と桐野利秋が、「大総督府の急用」と称して鉄舟を呼び出し、無念を言ってきた。鉄舟は江戸っ子だから足が速いに決まっていると応じた話だ。村田も桐野も、西郷の弟分で、村田は薩摩軍二番隊軍監、桐野は東海道先鋒として江戸に入った。両人ともに西南戦争で西郷に従い、鹿児島城山で戦死した。「談判筆記」の最初の方で「徳川慶喜」と二度つぶやいた篠原国幹も小銃三番隊長で、西南戦争で戦死している。鉄舟に従って鉄舟の駿府行きを支援した益満休之助は上野戦争で被弾し、戦後すぐに亡くなっている。「談判筆記」の中で鉄舟にかかわった薩摩側の西郷・益満・篠原・村田・桐野は、「談判筆記」が書かれた明治一五年(一八八二)にはすべて亡くなっている。鉄舟が「談判筆記」にこれらの人物を名前入りで載せたのは、鉄舟なりの理由があったと思われる。おそらく鉄舟は、西郷らの供養の意味と、「談判筆記」を読むであろう、岩倉や三条、そのほか政府の長州人や薩摩人に対して、西郷らに恥じない生き方をしているか、と問いかけたのではないか、あの維新の時期の困難なことがらがあって、今があるのだと言いたかったのではないかと思う。山本権兵衛は存命であるが、海軍現役軍人であったため「山本某」としたのだろう。幕府側の慶喜・一翁・海舟・泥舟は皆存命で、慶喜は大正二年まで生き、享年七七、一翁は明治二一年・享年七二、海舟は明治三二年、享年七七、泥舟、明治三六年・享年六九であった。ちなみに鉄舟は、明治二一年、享年五三で、幕府側登場人物のなかでは最も短命であった。「談判筆記」の最後は以下のように結ばれている。

以上のような、なりゆきであった。ともかく、私たちが骨折り、尽力して、以って、旧主徳川慶喜の君臣の大義を重んずるの心をしっかりと思い、謹んで四か条の実効、すなわち江戸城明け渡し、旗本・御家人の移転、武器・軍艦の引き渡しを行い、かつ、さまざまな難しい案件を処置してきたのは、やはり自分たちが国家に報いようとするささやかな志の表れなのである。

ここには、薩長などの人たちと同じように幕臣も尽忠報国の礎として尽力したことを穏やかな表現で記述したものと言えよう。決して大げさな表現ではなく、それでいて確固たる信念に貫かれた、変わらない鉄舟の思いを我々はしっかりと受け止めるべきであり、一五年という歳月を経てもなお鮮明な駿府会談と江戸会談の真の姿を「談判筆記」から虚心坦懐に読み取ることが重要だ。多くの人にきちんと「談判筆記」と対峙してもらいたものである。そのための一助になれば幸いである。

2 「江戸無血開城」最大の功労者は鉄舟——誰がそれを認めているか

鉄舟の出世、すなわち、静岡藩権大参事、茨城県参事、伊万里県権令、そして明治天皇の侍従へと、まさに出世の糸口でもあったのが「江戸無血開城」である。「江戸無血開城」に関して、さらに全生庵所蔵資料からもっと深く考えてみたいと思う。

一番鎗は誰か

まずは「一番鎗書簡」（本書簡）を現代語訳し、解説したい（原文・写真は『江戸無血開城の史料学』）。日付けはないが、

山岡英子

慶応四年四月一一日以降であることが内容から知られる。この書状は二つの断簡に分かれている。最初の断簡には下記のように記されている。

一筆申し入ます。小子（自分）の事ですが、慶応四年四月一五日に、上様（慶喜）の御供をして滞りなく水戸表に着きました。弘道館と言うところに、上様をはじめ御役人や泥舟率いる遊撃隊、自分が率いる精鋭隊一同が入りました。ですのでどうか御安心してください。

妻に宛てた一番鎗書簡

本書簡は、慶喜の護衛をして水戸に到着した鉄舟が妻英子《ふさこ》に宛てた手紙と考えられる。しばらく留守にしていた留守宅に自分の動静を伝えたものだ。水戸弘道館は、水戸藩の藩校で、かつて幼少期に水戸で暮らした慶喜が寝起きしたところでもある。慶喜にとっては懐かしいところだったが、鉄舟にとっては慣れないところだったので「弘道館と言うところ」（原文では、「弘道館と申処に」）と表現したのであろう。慶喜のことは「上様」と表現している。隠居謹慎したとはいえ、後継者はまだ確定していないので、「御隠居様」とは呼ばれず、「上様」すなわち徳川家の最高権力者である。幕臣の意識では、慶喜はいまだ「上様」なのである。慶喜の警備は、慶喜が最も信頼する泥舟が頭の遊撃隊と鉄舟が頭の精鋭隊など、合わせて一五〇〇人が担当した。海舟と一翁は江戸

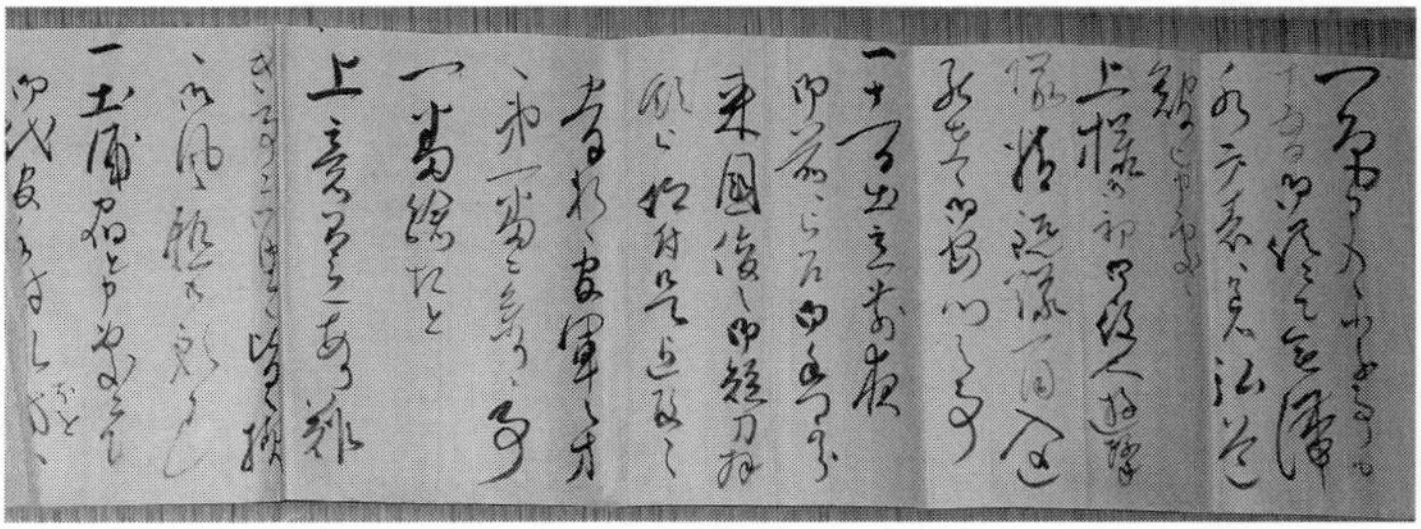

一番鎗書簡

に残って残留している幕臣の慰撫に努めていた。

一、四月一一日の江戸出立前夜に上様の御前へ召されました。上様の御手ずから「来国俊」の御短刀の拝領を仰せ付けられました。その時の上様の言葉は以下の通りです。これまでたびたび骨を折って、官軍の方へ第一番に行って自分の衷心を伝えてくれたこと、鉄舟、お前が「一番鎗」だ。以上の上意がありました。誠に有り難きことです。皆々様へ御風聴を御願いしたいと思います。

最初のひとつ書きには、鉄舟にとって生涯忘れがたい事件が書かれている。すなわち四月一一日の江戸出立前夜（四月一〇日夜）に慶喜の御前へ召された。そこで慶喜から直々に「来国俊」の短刀、おそらく、上野に謹慎中の慶喜が手元に持っていた短刀の中で、家臣に下賜してもよいと考えた短刀類の中で最も最上級の一振りを与えられた。その時の言葉が「鉄舟、お前が一番槍だ」であった。それゆえ、この書簡を

「一番鎗書簡」と呼んでいる。いろいろな人が、たとえば和宮の土御門藤子、篤姫の幾島、一橋茂徳、輪王寺宮公現法親王などが骨を折ってくれたが、それらの中でも、「一番鎗」にふさわしいのは鉄舟だと慶喜は言っているのである。徳川家の最高権力者慶喜から徳川家存続と慶喜の助命嘆願の「一番鎗」は「鉄舟、お前だ」と言われたのである。うれしくないはずがない。幕臣としてこれに勝るものはない。本当にうれしかったのだろう。普段自分を売り込むようなことはしない鉄舟だが、家族には「皆々様へ御風聴を御願いしたい」と素直に喜んでいる。「皆々様」は、山岡家のみならず、隣同士で住んでいる親戚の高橋家（泥舟の家）、大久保家（一翁とは別の家）、また、泥舟と英子の妹お桂やその配偶者石坂周造関係者、鉄舟実家小野家などであろう。

そのあと書簡は次のような一文でまず切れている。

一、土浦宿というところにて、御代官の手付の方へ（以下、断裂）

そしてつながらないのだが、もう一枚残された断簡には次のように書かれている。

（狼藉を働いた）者を巡羅の者（遊撃隊士および精鋭隊士）が見つけ、四人で斬り捨てた。弟の小野飛馬吉も戦い、勝利した。上様のおほめに預かったのでこの件も申し上げる。そのほか、高橋泥舟君をはじめ一同も（つつがないので安心されよ）

少し言葉を補ったが、このような意味であろう。妻英子の実兄泥舟の安否も書いている。英子はこの手紙を受け取り、その足で高橋家に向かったことだろう。鉄舟の手紙は縁者にとってはニューズレターだったのではないだろうか。

慶喜が認めた最大の功労者

ともかく、この手紙から慶喜が水戸に出発する前夜の慶応四年（一八六八）四月一〇日夜に慶喜から鉄舟が徳川家救解の「一番鎗」として褒賞され「来国俊」の短刀を授けられたこと、それが鉄舟の大きな喜びだったことが十分に理解される。「江戸無血開城」の最大の功労者は鉄舟と、誰が認めているかといえば、「一番鎗書簡」から、徳川家の最高権力者慶喜そのひとから直々に認められているのである。それも、慶喜が江戸を去る前日の最後の夜に、慶喜の「来国俊」の短刀を下賜されながらである。その周りには、幕臣の主だったものもいたであろう。誰が何と言おうが、「江戸無血開城」の最大の功労者は鉄舟と、慶喜が認めていることは揺るがないし、揺るぎようがない。

次にその功労は具体的に何によるものかを同じく全生庵の史料「子爵山岡鉄太郎履歴書」（明治二〇年［一八八七］五月、以下「履歴」）から確認してみよう。もちろん前節で「談判筆記」によって駿府会談を再現したので、その会談で交渉したことだが、もう少し別の史料から考えてみたいと思う。まずは鉄舟の履歴書である（原文は『江戸無血開城の史料学』、また本林義範「全生庵所蔵の山岡鉄舟に関する四通の履歴書について」）。現代語訳し解説する。

一、三月総督の宮が駿府に滞城中のこと、東西、つまり徳川家と朝廷の間が隔絶し、言路が塞がれてしまっていた。そのため慶喜の謹慎の衷情を朝廷に上申しようとしても方法がなかった。同月九日に、鉄舟は駿府に至り、参謀西郷隆盛、当時は吉之助と言ったが、西郷に見え、「反復論難」、すなわち何度も何度も議論して、慶喜の衷情を轍することができた。これによって「御征東ノ師」、すなわち東征軍の江戸城総攻撃を停止し、慶喜謹慎の効果的な証明として、五か条の御沙汰書をいただくことができた。御沙汰書五か条のうち、旧主、すなわち慶喜に関する一か条は、君臣の情誼としてとても耐え忍ぶことができないので、強く隆盛と議論して、「寛仁」、すなわち結果的に寛容の命令にしていただき、四か条の朝命書をおし戴き、帰府したことであった。

慶応四年（一八六八）三月九日、駿府で西郷と会談し、交渉し、四か条の朝命書を徳川家にもたらしたことが記されている。すなわち、徳川家が許されるための五か条を大総督府から初めて引き出し、一か条のみは保留にして、江戸会談へと導き、ある意味、鉄舟は海舟に花道、つまり功労の一部を用意したのである。

なお、鉄舟の「履歴」は、草稿が三種類、すなわち第一草稿、第二草稿、第三草稿がある（前掲、本林義範）。そして提出本の控えがあって全部で四種類、引用したものは役所（おそらく宮内省後述）提出本の控えである。鉄舟は公的な履歴書でもしっかりと書いているのである。先の三月九日からいくつかの記事があるが、中略して、四月一〇日の条にいく。

一、四月一〇日、慶喜は、謹慎の衷情が朝廷に貫徹したのは鉄舟の精誠のいたすところであり感泣の至りに耐えることができないとおっしゃり、来国俊の短刀を授与されることになった。

なお、第二草稿の四月一〇日条の「感泣」の部分は、「感泣ノ至リニ堪ヒス其労第一ニ居ル故ニ一本槍ト称スル段申聞、来国俊ノ短刀授与相成候事」（感泣の至に耐えることができない。その功労が第一であることから鉄舟そなたは「一本槍」と称してよいとおっしゃった。それで来国俊の短刀を授与されることになった）となっていて、提出本では「一本鎗」（おそらく「一番鎗」の書き損じと推測される）を削除したことが知られる。鉄舟としては、あまり宣伝がましいことはしたくなかったと思われる。この草稿の完成版「履歴」は鉄舟が関係する宮内省に提出されたものと考えられる。ここでも「江戸無血開城」（徳川家救解と慶喜の助命嘆願）の第一番の功労者「一番鎗」は鉄舟であり、それは慶喜自身が言っていることであることがさらに補強された。

鉄舟妻の遺言

つぎも全生庵資料「遺言状」、すなわち山岡英子直筆遺言である。これは、これまで全文が一般書で紹介されたことがあまりないので、まずは全文を当時の文字、スタイルで引用する。

御父鉄舟居士は永年御苦心被成候
ニ付、天子様より華族ニ被列、弐万円給候

事、誠ニ有難事ニ御坐候、其給候財産は子々孫々へ与たる者故、決而我ものニして我ものニ者あらすと、父上御申き、御坐候其財産を我も（の）と心得、栄華ニ遣拂今日之始末相成候事、誠ニ父上様ニ何とも申訳無之、恐入候事ニ御坐候父上者御先祖と心得、残りたる財産を大切ニ致、皆々和合シテ其利子ヲ以、兄弟姉妹等始末御付被成度此段申遺候、又御位はゐは申ニ不及御寺等大切ニ御取扱被下度

現代語訳する。

御父鉄舟居士は永年にわたり御苦心になって、天子様より華族に列せられました。年金を二万円も給わったことは、誠に有り難いことです。いただいた財産は子々孫々へ与えられたものですから、決して我がものにして、我がものと考えてはならないと、父上から御聞きしています。この財産を

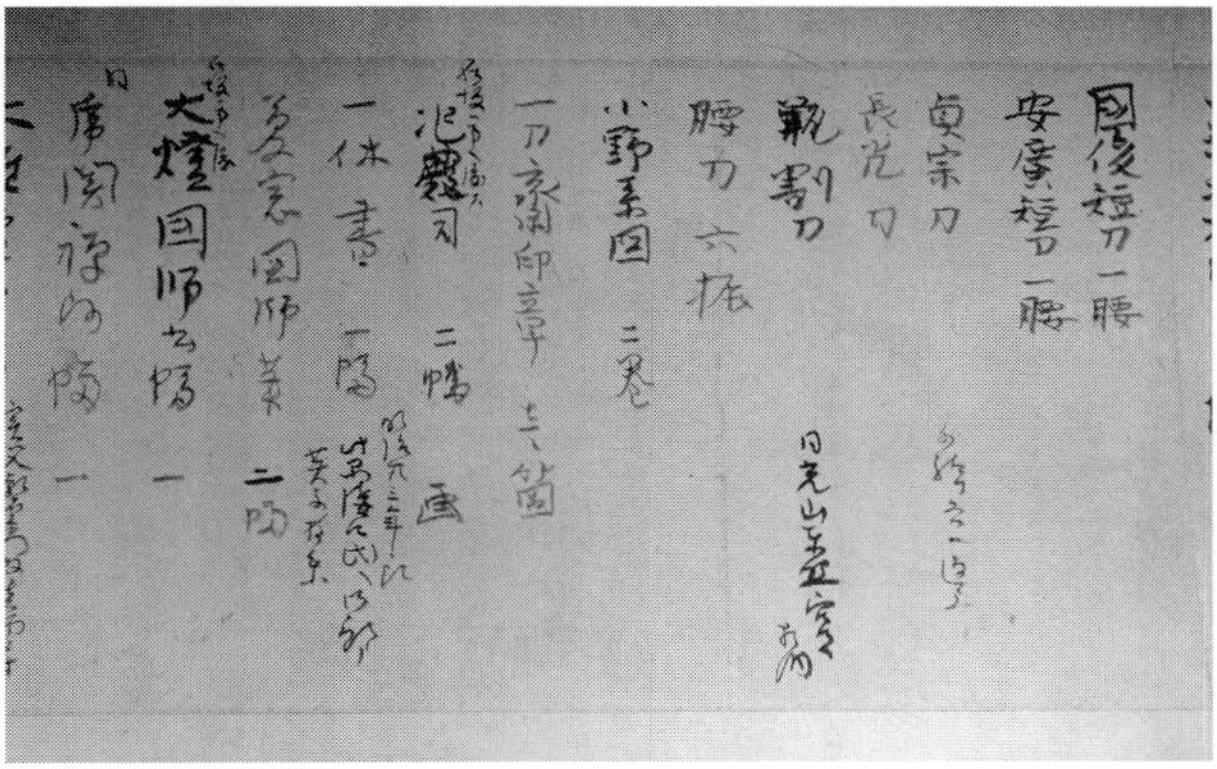

山岡英子筆遺言状

我がものと心得て、栄華に遣い果たしてしまったこと、今日の不始末となってしまったこと、誠に父上様に何とも申し訳もなく、恐れ入ることだと思います。父上が我が家のご先祖と心得て、残った財産を大切にして、皆々和合して、その利子をもって、兄弟姉妹等の始末をつけてもらいたいと思います。このことを遺言します。また、御位牌はいうに及ばす、御寺（全生庵）等を大切に御取り扱い下されたく思います。

ここには鉄舟妻英子の鉄舟への想い、また子どもへの、特に長男直記への戒めが書かれている。ここには、直記が財産を減らしてしまったことへの嘆きが読み取れる。

鉄舟の遺品の筆頭は何か

そして、以下のように家宝を書き上げる。その第一は慶喜から拝領した「来国俊」の短刀である。「来国俊」は鉄舟が、「江戸無血開城」の「一番鎗」であることを証明する、鉄舟出世の証拠であるから、山岡家第一の家宝である。そのことから、一番最初に書き上げられているのだと考えられる。その他、返上したり形見分けしたものも書き上げられている。★印は筆者によるが、全生庵に現存しているものである。

國俊短刀　一腰
安廣短刀　一腰
貞宗刀　　　　　千駄谷へ返上（徳川宗家―岩下注記）
長光刀
瓶割刀　　　　　日光山東照宮へ相納
腰刀　　六振
小野系図　二巻★
一刀齊印章　壱箇
石坂方へ渡ス
兆典司　　二幅　画
一休書　　一幅　　明治廿三年頃　　此品溝口氏へ御預ケ　　英子持参
夢窓國師　菊　二幅
石坂方へ渡

大燈國師書幅　一
同
乕関禅師　幅　一
大雅堂菊画　　一　実父朝右衛門殿進物ニ付　此品飛馬吉殿へ返上
白隠禅師達磨画幅　一★
一休和尚蘭画賛　一
此具盤伊豆へ入湯頃手ニ入候
日蓮聖人　法華八巻
日蓮貝　　　　　一箇
竺梵生死事大幅　一
静寛院宮拝領　　銚子　一
恩賜　銀盃　　　　三箇★（ただし現在一箇のみ――岩下注記）
屛風　　　　　　　　　二双
　右之品廿一年中英子へ
　鉄舟居士ゟ相渡スとアリ
此御預申上置候品々之内、不足いたし分
申訳無之と心得候

「来国俊」の短刀はすでにこの遺言状を書いた段階ではあったが、現状では失われている。その所在は不明である。現在、残っているものでは、白隠禅師の達磨図が最も興味深い。鉄舟が大切にしていたものと思われる。他にも一休や夢窓国師など仏教関係の什宝もあったことがわかる。ただし、子爵家の什宝としては全体的に少ないことが見て取れる。鉄舟は清貧に甘んじていたといわれているので、こうしたものは最初から数が少なかったかもしれない。おそらく鉄舟が最も大事にしていたもののリストであろう。それがわかっていたから妻英子はこれらの品を大切にとっておいたのである。白隠の達磨図に向き合って坐禅している鉄舟が想像できる。なお、この達磨図は、今日、全生庵にあって、ほかに残っているのは、「小野系図　二巻」「恩賜　銀盃　三箇」（ただし現存は一箇）でごくわずかなのである。さすがに直記もこれらには手を付けられなかったのではないかと考えられる。

3　水戸謹慎中の慶喜と泥舟・鉄舟

泥舟による水戸日記

水戸で謹慎した慶喜の動静に関しては、ほとんど知られていない。しかしその時期がわかる史料として泥舟直筆の「御用中　雑記」（藤枝市郷土博物館所蔵）がある。これを用いて、慶喜の上野寛永寺大慈院出発から水戸までの恭順の道中、そして水戸での謹慎の暮らしぶりを見てみたい。そこには泥舟やその周辺のみならず、慶喜の動向も垣間見ることができる。ただし、日記の原文は『江戸無血開城』で多く引用した。ここでは、引用を少なくして、できるだけ現代文に要約して紹介するが、新たな解釈をかなり多く書いておいた。原文から知りたい場合は『江戸無血開城』にあたってほしい。

なお、この時期の泥舟の役職は、大目付上席、遊撃・精鋭両隊総括兼御側御用取次で、ようは慶喜警備の最高責任者で、慶喜側近であった。慶喜のボディガード責任者であり、慶喜の秘書の一人でもあって、慶喜に一番近かったと言っていいだろう。その日記なのだ。

松戸まで

日記は水戸出発当日の慶応四年四月一一日から始まっている。新たな気持ちで水戸に向かったのであろう。この日から始まっていることが、それを表している。

徳川慶喜

朝四時ごろ供ぞろいで出立とのことで、泥舟は夜一〇時に自宅を出て大慈院に赴き、慶喜にお目見えした。慶喜からは「道中、隊の取り締まりを厳重にすること」を各隊の頭たちが呼ばれて厳命された。出発がけ、玄関で井上八郎が、慶喜に御目見を仰せつけられた。

井上は、鉄舟の高山時代の剣術指南役であり、この時は遊撃隊頭であった。井上は、江戸の旧幕臣鎮撫のため、江戸に残ることになり、御目見をしたのだろう。この後、井上は歩兵奉行、陸軍頭御用人・浜松城代となり、廃藩置県後は、水俣県権参事になっている。

千住で昼休みとなり、今日から昼の賄いを下されることとなった。公務だから賄いが出る。彰義隊は千住まで御供が許された。これによって上野山で慶喜を警護するということとなった。彰義隊の存在理由の一つがなくなった。この後、彰義隊は、徳川家歴代の宝器・什物を警護するという名目で活動するようになる。この日は、松戸宿御泊で、正午に御着、御機嫌伺いにまかり出た。第一日目は無事済んだようだ。しかし、総勢一七〇〇人の軍勢である。それも敗軍の将であるから、その行軍は困難であったろうが、そこは乗り切るしかなかったであろう。なお、慶喜は、前日一〇日に出発するはずであったが、腹痛と下痢のため、翌日になった。それも病を押してということであった。

対立や困難を越えて

翌一二日明け方、松戸を出発。我孫子で昼休みをとり、藤代に泊まる。午後二時ごろ着、しばらくして、泥舟は御機嫌伺いとして慶喜の旅館へ参上した。

同一三日、やはり明け方出立し、牛久昼休みをとり、土浦に泊まる。正午頃に着く。泥舟は御機嫌伺いに罷り出た。この日の夜のことである。旧幕府代官手附川崎才一郎という者が反乱を起こし、同手代大村幾三郎を傷付けた。手負いの大村が泥舟の旅宿へ駈け込んできた。そこで急ぎ家来をもって、医師等を呼び寄せ大村を治療させるとともに尋問もした。すると、川崎は、同手代の高崎丈四郎という者へも深手の傷を負わせたとのことで、その後、目付の旅宿より、泥舟を迎えに来た者があったので、早速目付の所に行ったところ、犯人を召し捕るのが当然だと目付が頼んできた。そこで、今堀越前守が同所へ呼び寄せられ、各方面に通達などをしていたところ、犯人川崎がいる旅宿の前に、精鋭隊久保栄太郎組の者がたまたま通過した。すると突然犯人が斬りかかってきた。とりあえず服部隼之助が立ち合い、一刀打ち込んだ。その後、鉄舟実弟で精鋭隊士の小野飛馬吉が後より二の腕を打ち落し、すみやかに斬殺した。深手を負った手代大村は、その夜、死亡した。旅宿へ駈け込んだほかの者(前述の大村と共に川崎に斬られた者)は存命であるが、これも危篤との事である。「江戸無血開城」の直後の異常な状態の中で、旧幕府代官の手付や手代が、内部争いを起こし不穏な状態であったことが理解される。慶喜の近くではこんなことも起こっていた。

一四日は、同じく夜明けに土浦を出発。府中で昼休みをとり、片倉に泊まる。正午過ぎに着く。この宿は貧宿だったので、慶喜の旅館も非常に貧弱で、特に別に警衛場所等を取り繕い、勤番をさせた。泥舟の宿も諸隊の頭たちとみな一緒に泊まることになるほどだった。場所によってはこのようなこともあったのだ。罪人ではあるが、徳川家の長上慶喜にとって不自由な旅であった。

水戸に到着

一五日も夜明けに出発し、長岡宿で昼休みをとり、正午ごろに水府、すなわち水戸に到着した。慶喜は弘道館に到着になり、夕刻には泥舟は慶喜のもとに御機嫌伺いに参上した。諸隊の頭たちと共に御目見を仰せ付られ、重大な命令を承った。おそらく、慶喜自らは厳しく謹慎すること、供の者たちも同様にすること、江戸に残った幕臣が暴発しないように何らかの対策せよ、とのことだと考えられる(後述)。慶喜の左右に直接仕える者は、二〇人までとされた。

この日、吉田和次郎が泥舟のところに来て、玉子を持参したので金一〇〇疋差し遣わして、炭・こんろ・火打・菓子など整えてほしいと依頼した。そこで酒代として、金二〇〇疋を差し遣わしたという。また、夕刻に鮎澤伊太夫より酒壱斗、重詰、その中にはつまみ物・さしみ・鯛の煮付・なまかい・竹の子の甘煮が入っていたが、それがもたらされた。いずれ賄いがなくなり、「手賄」すなわち自炊生活をする予定を見越して依頼したのだろう。実際に「手賄」になったのは二三日であった（後述）。

同一六日は、前日の鮎澤へお礼の手紙を差し遣した。賄方、つまり食事に関して、周旋を依頼したという。美味しかったのだろう。泥舟ならびに諸隊の頭たちが、一人金一両二分ずつ出金して、到着の祝義として、「調方懸り」の総人数へ差し遣わしたとする。自分たちの食事の心配のみならず、配下のものたちに祝儀を出すことも大事であった。

同一七日は、不快なので平臥していたが、夕刻には御機嫌伺いとして外出した。そこで、浅野美作守殿へ面会したところ、頭共より不平を申し出ているとのことで、説得してほしいと相談があった。そこで、夕刻、今堀・小山へ談判に及んだところ、承服した。この件を若年寄へ申し上げ置いた。慣れない土地で不平不満が渦巻き、泥舟が説得にあたったことが知られる。この日は、「寧静閣詩集」を本屋から購入した。旅先の無聊を慰めるためであろう。

水戸での暮らし

同一八日は、泥舟への拝領物が仰せ付けられた。浅野美作から仰せ渡された。その他、配下の者たちにもそれぞれ伝達した。八三郎と大草に責馬（泥舟の馬を乗りあわして訓練すること）を依頼した。比較的平穏な日々を送っている。

同一九日は「別条なし」と書いている。また「御殿へ日々罷出ル」として、勤務をしている。なお、大澤雄三郎の歎願が肝煎頭取より申し出があった。この件は、二三日の条に、大澤は、慶喜の特別な許可でお末に加えられ手当を与えられることになった。一度脱走して、後、帰参し、情状酌量の余地あって、今度だけは許すと、お咎めがなかったものと思われる。二五日には、雄三郎は手当金を受け取り、証文へ調印した。

同二〇日も「別条なし」であるが、「御前より詩歌致し候様、御題被下、浪・合歓花《ねむの》」とあって、慶喜から浪・合歓花を題に詩歌を作るように命じられた。時間をつぶすためにそうした課題が出されたのであろう。

どうやら慶喜は自らが描いた浪の絵と合歓の花の絵に臣下の文を書き入れようとして、こうした題を出したようである。歌心のある者がいなかったのか、作った者が少なく、慶喜は不興だった。そこで慶喜は泥舟に是非作るように求めた。そこで、泥舟が作ったのが、「吹風に　散るかとみれハ　さきいてて　さかり久しき　浪のはつ花」の和歌と、漢詩であった。漢詩の原文は当然のことながら漢文だが、以下に読み下し文にする。

花を愛して色を重ねず
声徳、君が識るを喜ぶ

葉濃く残陽を含み
露多くして枝に力なし
一夜暴雨灑《そそ》ぎ
清芬《せいふん》発して未だ得ず
曽て合歓名を呼ぶ
衆心愴《そう》測《そく》すること莫《な》し

これが慶喜の浪と合歓の花に書き加えられたとのことであるが、現存しているのか未見である。慶喜と泥舟の距離が相当に近かったことが理解できる。

同二一日も「無別条」。二二日は、「雨風」「無別条」、ただ、「中条より菓子少々到来」とか、本間栄七郎より焼酎三樽を送り越した。そのうち、一樽を自分が取り置き、二樽は中条と中島の両人へ渡した、とあって、隊士同士の菓子や焼酎などの食品の贈答が知られる。水戸藩士の本間からの焼酎三樽は一つを泥舟が、二つを中条金之助と中島に渡したとある。二三日は、「今日より手賄之事」とあって、食費は自弁になった。慶喜一行は財政的に厳しくなったのではあるまいか。またこの日は、鯉一本が頭から差し越されたとあって、頭は慶喜のことかもしれない。泥舟自身はたばこ四玉を買い、代金は金二分だったこと、「韻府一隅」を四冊購入し、代金四〇匁を支払い、「増補伊呂波韻」の小本を一冊、一四匁で買ったことが記されている。書籍は詩歌を作るためのものであろう。以前一七日にも「寧静閣詩集」を買っている。これからもあるかもしれない慶喜の宿題に備えようとしたのであろう。また、それらの書物は警護には不要なものだったから、自宅からは持ってこれなかったため、水戸で購入することになった。慶喜のために余計な出費をさせられたと思いきや、これがあって、無聊が慰められたのではないだろうか。

鰻の到来

二四日は、「無別条、夕刻より会津へ罷越面会致し帰ル、うなき少々藤沢より到来」とあり、鰻が藤沢から来たと書く。藤沢は人名だろう。蘭学の家桂川家出身の藤沢志摩守が思い浮かぶがどうだろう。その前が大事だ。夕方から会津へ行き面会したとある。が、実際に会津に行ったわけではなく、水戸に会津藩士が滞在している所があり、そこを会津と指すのだろう。そこに行って、会津藩士らに面会して帰って来たということであろうと考えられる。朝敵とされた会津藩主松平容保は、すでに二月一六日には江戸を出発して会津に帰国していた。新政府は、会津の軍勢が勢いを増しているので、四月一四日に薩摩・長州以下一二藩に出兵命令を出した。一九日には、新政府の奥羽鎮撫総督府は、仙台藩に命じて会津を追討させるが、これは成功しなかった。この日は、そうした緊迫した情勢下に、今後のことが話されたのであろう。会津藩としては、慶喜を通じて新政府に嘆願をしようとしていたのか、はたまた同人を会津に迎えてそれに付随した軍勢による軍事力の強化を視野に入れていたのではないだろうか、または、軍勢の一部でも受け入れ増強したいと考えていたのではないだろうか。泥舟はそれをさせなかった。それでは、慶喜の恭順や鉄舟・海舟らによる「江戸無血開城」の努力が無に帰すことになるからだ。その点で水戸は会津に近く、危ないと思ったのではないだろうか。

二五日からは、「手馬飼料はすべて自分で取り計らう事」となった。つまり、自分の馬の飼料は自分で賄うこととなったということで、これまでは支給されていたが、慶喜一行の金子が、いよいよ厳しく、手許が不如意になったらしい。また、「庄次を江戸へ派遣した。そのため、金五両を小遣として差し遣した。杉島も同道する」とあって、庄次を江戸に派遣した。小遣いとして五両を与えた。杉島も同道したとある。おそらく江戸の様子を探らせたものと思われる。泥舟は、やはり彰義隊など江戸残留の旧幕臣の動向が気になっていたものと思われる。それは、泥舟のみならず慶喜の気がかりなことでもあった。恭順と江戸開城が無駄になっては、という思いから派遣したのであろう。ここから、慶喜・泥舟主従の焦りが読み取れる。

二六日、二七日は、「無別条」。二八日は、「落合鉅三郎よりうなき大四串が到来いたした」とある。二九日には、「支配向にて詩歌ならびに認物が出来た者はいるかと御尋があった」とあって慶喜から詩歌ができたかどうか下問があったと書いている。前述した浪と合歓の花のお題の歌の応募者が少なかったためであろう。そして、閏四月朔日には、「昨日白井音次郎を通じて、慶喜から御尋があった支配向からの詩歌・認物のことだが、自分のものを呈上したところ、御写し物をするように敷山・相川・小池・西田の面々に命じられた。そこで、直ちに調方頭取へそのことを命じた」とあって、慶喜側近であった白井音次郎を通じて例の下問の詩歌等を呈上したこと、またそれらを敷山・相川・小池・西田の四人が写すことを許されたことがわかる。慶喜と泥舟の共同作品の複製が作成されたのではないかと考えておく。浪と合歓の花は何を意味するのか、誰に贈ったのか、どのような手紙をつけたのか。伝世品が出てくれれば面白いと思う。とすれば、それらはどのような経路をたどったのだろうか。興味は湧くが、これ以上の詮索は益がない。

4 上野彰義隊戦争——何が起きていたのか

気をもむ旧幕臣

水戸の慶喜や泥舟らが気にしていたのが、彰義隊などの江戸に残った幕臣の動向だ。彼らが暴発したら、慶喜の恭順や江戸開城が無意味となり、せっかく許された徳川家存続や慶喜の命さえも危うくなる。それゆえ、閏四月二九日に田安家達が徳川宗家の家名相続人、つまり慶喜の跡を継いで徳川家の当主になることが新政府から正式に許されたことは、慶喜や泥舟・鉄舟にとってこれは大きな大きな朗報だったに違いない。それが泥舟の記録から追えないのが残念である。今後の記録の発見に期待したい。

徳川家の当主は決まった。ただ、まだどこを所領とするか、何万石を安堵されるかは、正式に決まっていなかった。駿河府中、静岡七〇万石に決まったのは、五月一五日に上野戦争で彰義隊が壊滅してから九日後の五月二四日であった。泥舟・鉄舟をはじめとする旧幕臣たちは、そこまでは気が気ではなかっただろうし、彰義隊による上野戦争が生じた報に接した時の主従の思いは察するにあまりある。主従は、なんということをしてくれたのか、これからどうなるのか、さらに暗澹たる気持ちにかられただろう。なお、榎本武揚などは、徳川宗家が静岡七〇万石に決まったことを聞いて安堵し、さらに八月一五日に家達が静岡に入ったことを確認してから、同一九日に品川沖を脱走したのであった。誰も榎本たちを説得することはできなかった。

上野戦争秘話その一
——彰義隊の悲劇

上野に立て籠もった彰義隊とはどのようなものであったのか。慶応四年（一八六八）二月に浅草本願寺で、幕臣渋沢《しぶさわ》喜作《きさく》や天野《あまの》八郎《はちろう》によって組織された（岩下哲典編著『徳川慶喜　その人と時代』、大蔵八郎『上野彰義隊全史』）。江戸市中を警備し、上野寛永寺大慈院に謹慎中の慶喜を護衛するのが目的とされた。途中で渋沢は脱退し天野が頭取《とうどり》となり、諸藩の脱走兵なども結集した。慶喜が水戸に赴いた後は、輪王寺宮公現《こうげん》法親王《ほっしんのう》を擁立して寛永寺に本拠を置いた。海舟や大久保忠寛、鉄舟や泥舟は解散を望んだが、寛永寺塔頭《たっちゅう》覚王院《かくおういん》義観《ぎかん》の主戦論が主流となり、関東各地の反新政府勢力と連携して、新政府と対決姿勢を強めたのである。鉄舟は、ほどなくして水戸から江戸に戻り彰義隊士や覚王院を説得したが、鉄舟をしても解散させることはできなかった。鉄舟の説得に応じなかった覚王院という人物もなかなかの者と思われる。三月一二日には静岡で鉄舟にしてやられたと思った輪王寺宮の側近である。なお、鉄舟は、彰義隊に加わろうとした備後福山藩士を説得し、その参加をやめさせた。さらにその人物のために救解活動をしていることが最近明らかになった（本林義範「上野戦争における福山藩士の彰義隊不参加と山岡鉄舟」）。こうした活動が福山藩のみならず、他藩でも行われた可能性が高い。鉄舟配下の幕臣たちが、各藩の江戸詰藩士などと緊密に連絡を取り、救解活動に尽力したことが察せられる。今後、こうした活動がもっと解明され、評価されるべきかと思う。

さて、上野戦争に戻ろう。新政府の大総督府は五月一三日、諸藩に「上野山内へ屯集《とんしゅう》」の「徳川亡遺之悪徒共」による「叛逆《はんぎゃく》」が明らかになったので、やむをえず「誅鋤《ちゅうじょ》」（殺して絶滅させること）をおこなうので、「諸門」の取り締まりを厳重にして、出兵の沙汰《さた》を待てと命じた。翌日、徳川家達に祖廟《そびょう》（東照宮）の位牌や什器《じゅうき》を今日中に片づけるように命じ、諸藩兵隊の外出を禁じた。また、上野の脱走兵は「国家之乱賊」であるので「見付次第」「打取」る、彼らを助けたり、隠したりしたら同罪だ、と市中に触れた。また、津止《つど》め・宿止《しゅくど》め（港湾、主要幹線道路の封鎖）を命じ、老人・子ども・病身の者は今日中に戦場になりそうな場所から立ち退くように命じた。その上、忍《おし》・古河《こが》・川越にも官軍を派遣して警戒させた。これは逃亡した彰義隊を捉えようというのだから用意周到である。

家達は、徳川家の位牌や什器を運び出せなかったとして、戦争開始の猶予を願ったが、翌日朝、寛永寺黒門付近で彰義隊と薩摩藩兵との戦争が始まり、本郷団子坂《ほんごうだんござか》から長州藩兵などが殺到した。さらに本郷台の佐賀藩アームストロング砲が寛永寺を狙い撃ちした。午後には決着がつき、官軍の圧倒的勝利であった。輪王寺宮は、江戸湾の榎本武揚艦隊に収容され、陸奥《みちのく》仙台を目指すこととなった。

新政府は、「江戸無血開城」後、上野戦争によって江戸を武力制圧することで、北関東や東北での戦争遂行が容易になり、統一国家形成に重要な首都を確保することができたのである。七月に江戸は東京と改められた。

ところで、東照宮はどうなったのか。柳河春三《やながわしゅんさん》の『別段中外新聞』五月一六日版（日本最古の号外）では、上野戦争の惨状を記したうえで最後の方に「東照宮御霊廟、尤先々火災免れ玉ふ」とたった一行であるが、記されている。まさに奇跡で、さすが霊験あらたかと言いたげである。『中外新聞』が旧幕臣柳河春三が刊行したことから佐幕的と言われるが、こうした記事からもよくわかる。

上野戦争秘話その二——西郷隆盛の用意周到さ

先にも述べたが、水戸で謹慎していた慶喜の最も重大な関心事は、江戸に残った旧幕臣が、暴発しないかであった。慶喜は、鉄舟を派遣し説得に当たらせ、鉄舟は海舟らと手分けをして寛永寺に立てこもる彰義隊士や、合流しようとする諸藩士の説得にあたったが、五月一五日の上野戦争を迎えてしまう。戦争開始にあたって新政府軍全般の用意周到さを述べたが、それを主導したのは、西郷隆盛であった。その書簡を取り上げる。かつて、群馬県高崎市の名雲書店が所蔵していた「慶応四年五月十四日付肝付兼両宛西郷隆盛書簡」である。日付は上野彰義隊と戦う前日である。宛先は、小松帯刀の実兄らしい。また、『西郷隆盛全集』に未収録の史料である。釈文全文は『「文明開化」と江戸の残像』資料編に収録した。現代語訳は、次のようになろう。

明くる早朝、上野に集まった彰義隊を大総督宮が討伐されるとのことで、開戦のための軍勢の割り当てがありました。それなので、人足の雇い入れなどのことは、それとなく必要なだけ取り計らっていただきたい。なるだけ譜代を用い、そうではない新規雇い入れの陣夫は、その数を減らすようにするのがよろしいかと思う。もともと身元が確かなるものをあらかじめお調べいただきたい。未だお会いすることが出来ないので、その含みでもって、よいように取り計らうことをお願いしたい。

明日からの戦争に備え、彰義隊側に悟られないように陣夫（武器弾薬・食料などを運送する人夫）を動員すること、機密保持のため、新規の人足は雇わず古参の人夫で、身元が確かな者を雇い入れることを指示している。その含みでお願いしたいともあって、西郷が情報漏えいにも十分に配慮していた様子がうかがえる。会えないとあるので、戦争に備え、各方面に同様の手紙を書いて多忙を極めている様子がうかがえる。手紙の相手肝付は、薩摩隊の隊長クラスだろう。

重要なことは追って書き、つまり追伸である。そこには、「手負人数廻船」、すなわち、戦争による負傷者を横浜軍陣病院に運ぶための「廻船」、つまり病院船は、どうなっているか、判明次第、お知らせいただきたいとあるのだ。激戦になることを見越して、横浜の外科専門病院の横浜軍陣病院に戦争負傷者の搬送手配を依頼しているのである。実に用意周到である。なお、同病院では、英国公使館付医師ウィリアム・ウィリスが治療にあたった。ウィリスは、生麦事件勃発直後に現場に駆け付け、即死に近いリチャードソンを看取った。横浜には最新の医療施設があって、腕のいい医師がいた。

この書簡からは、西郷が残存旧幕府軍を一掃する戦争で一気に勝利するために、兵士の士気にかかわるロジスティックス（兵站）に関して、十分に配慮していたこと、また西郷の繊細な性格がよくあらわれている。上野戦争が翌一五日のたった一日で、新政府軍の圧倒的勝利で、かたが付いたのは、激戦が予想された正面黒門に西郷率いる薩摩軍が殺到したこと、本郷台からアームストロング砲が撃ち込まれたことが、確かにあげられる。しかしながら、薩摩部隊の士気が高かったのは、その背景として西郷がロジスティックスに気を配り、十分な武器弾薬と病院船の手配をしていたからである。それが機密理に行われていたことをも本書簡は物語っているのである。

あわせて、西郷が薩摩の兵士たちに圧倒的に人気があった背景には、「西郷先生は、傷ついた仲間を決して見捨てない」という西郷への個人的安心感・敬愛があったことを指摘しうる。それは、大きな軍功がなくても戊辰戦争後の恩賞である賞典禄において西郷が金額二〇〇〇円が最も高かった理由であろう。それは、私学校、西南戦争まで持ち越され、また、「西郷星」伝説や大津事件直前の西郷生存および帰国言説にまで、否、現代の「西郷どん」人気まで行きつくかもしれない。ともかく、山岡との駿府会談が成功し、その後の江戸会談や京都での会議でも西郷のプラン、つまり「江戸無血開城」（江戸城・武器・軍艦の引き渡しと兵員の武装解除、慶喜の水戸謹慎）が大きな反対もなくスムーズに運んだのは、西郷の人気にあやかるところが大きかったことをこの書簡は伝えている。

上野戦争秘話その三――紅葉山東照宮の御神体神像を回収

さて上野戦争直後に刊行された『中外新聞』には、上野の東照宮は焼失しなかったとあった。したがって、その御神体も無事だったのだろう。しかし、江戸城内の紅葉山の東照宮の御神体（神像）は上野山に遷座《せんざ》していたとされる。かの彰義隊士らが「江戸無血開城」以前に紅葉山から持ち出し、上野寛永寺にあったのだ。徳川将軍の側近くにあった紅葉山の東照宮の御神体がどうなったのか。この件は実は、あまりよく知られていない。

紅葉山東照宮御神体神像回収に関して、鉄舟とともに関与した泥舟と鉄舟の弟子小林二郎（良寛を世に出した人物でもある）が、明治二四年になって、泥舟の問い合わせに答えた手紙が残っている。故河越關古旧蔵資料で、現在は江戸東京博物館にある。手紙全文は、喜多村園子『良寛を今に伝えた小林二郎伝　一幕臣の足跡』（小学館）に紹介されている。利用する釈文を喜多村氏に提供したのは高橋泥舟史料研究会（会長岩下、会員は、イアン・アーシー、毛塚万里、徳江靖子、服部英昭、藤田英昭、本林義範各氏）である。この小林書簡もかなり難解だった。

では、小林の泥舟宛て書簡をもとに御神体の回収秘話を語ってみよう。

書簡では、まず、時候の挨拶があり、続いて家族の様子を伝える。そして、泥舟が心臓病で寝込んでいることを心配している。泥舟が寝込んだのは、明治二四年（一八九一）と三六年であるが、喜多村氏の考証によって明治二四年と判明した。お見舞いとして長岡の銘菓「越の雪」一箱を小包で送ったので食べてほしいという。「越の雪」は今も長岡で販売されている、和三盆の高級和菓子である。

そして、いよいよ、泥舟が尋ねた上野戦争時の東照宮御廟探索の話が始まる。

慶応四年五月一五日、精鋭隊頭取、すなわち泥舟の部下であり、小林の上司であり、そして町奉行支配組頭・市中取締役頭の関口隆吉《せきぐちたかよし》が登城したまま帰らなかった。組の者たちは大いに心配したという。そのうち上野で戦争が始まり関口も鉄舟も帰らず、小林によれば「愛児が目の前で殺されると同じくらい、地に足がつかないくらいに心配した」という。小林らが鉄舟をいかに心配したかがしのばれる。

一〇時ごろ牛込見付で関口と会った人がいて、「精鋭隊は堅く慎むこと」を伝言してきた。夕方五時ごろ、鉄舟から関口僊三郎《せきぐちせんざぶろう》と小林に急ぎ来るように命じられ、一目散に参上した。二郎らが、どこかにいた鉄舟のもとに行ったわけだが、鉄舟の居場所は手紙からはわからない。

鉄舟が言うには、「酒井寺社奉行（旗本、酒井忠恕）からの情報だが、江戸城紅葉山の御廟を上野彰義隊が守っていたが、急に戦争になったので持ち出せず、寛永寺竹林の中に隠して来たとのこと、精鋭隊の人でなければ取りにいけないので取りに行ってくれないか」とのことであった。さらに、三、四人では持ち運びできないくらいに重く、おそらく五、六人でなければ難しいこと。また場所は寛永寺政所脇の井戸側の竹林で、場所を示した絵図があるとのことであった。

早々に帰って、関口・小林のほかは籤引《くじび》きとし、小田英之助《おだえいのすけ》、能勢志津摩《のせしづま》、森斧次郎《もりおのじろう》、千種時雄《ちぐさときお》、矢野左金治《やのさきんじ》の七名で行くことになった。

精鋭隊、平常巡邏《じゅんら》の装いではあるが、決死の覚悟で、小石川、本郷枳殻寺《からたちでら》、湯島天神と通過した。そこから上野を見ると一円兵火に包まれ、その勢いは実にものすごかった。池之端《いけのはた》を駆け抜け、三枚橋に来た。ここは戦死人がおびただしかった。

黒門の所で隠れていると、阿部摂津守家来朝倉新《あさくらあらた》に出会った。小林らは身分を明かし、「徳川家にとって大切な品をとりに来たので、山内を案内してほしい」と伝えた。朝倉も不案内だが一緒に探してくれるとのこと、中に入っていくと、不思議にも番所に灯りが見えていた。その番所の中に八〇歳くらいの白髪の老人がいたので案内してもらった。おりしも竹林の火の勢いがものすごかったが、その中に飛び込むと、「大つり台之上二羽二重二包候もの二つり台」があった。これが御神体だ、と一同拝み、号泣した。元禄時代の赤穂四十七士（釈文本文では「七十四義士」となっており小林自身が書き誤っている）の本懐《ほんかい》を遂げたと同じ思いだったという。阿部家家来朝倉も涙を流して拝した。

なお、先ほどの白髪の老人の姿はすでになく、さては本多忠勝か大久保彦左衛門の霊ではないかと思ったという。

ところで、御神体が余りにも重いので、懇意の、近所の酒屋の若い者たちに合力を頼み、冨坂の酒井寺社奉行の屋敷に運び込んだ。そして、のちに田安徳川邸内の廟に移したとのことであるとする。これが知られざる紅葉山東照宮御神体神像回収一件である。

なお、小林らが苦労して運んだ田安邸内のご神体はその後、久能山東照宮に安置された。さらに、龍馬暗殺の実行部隊京都見廻組にいて箱館戦争を戦い静岡藩において謹慎していた今井信郎によって静岡県初倉村の東照宮のご神体になったといわれているが真相は定かではない。今井はのちにキリスト教の信者になっている。

ところで、上野戦争時の寛永寺のありさまは、「中堂政所も焼け落ち、この近辺は特別に戦死の人が多くあった。半焼したものは馬なのか、人なのかもわからないありさま、熊笹の中で屠腹《とふく》して伏している人もあった。陣笠を面へあてて、倒れている人もあった。各宿坊にあった玉薬が破裂したとのことで、戦争最中のようであった」とも書いている。そして五月二二日、今回の働きをした「精鋭隊共」への達として、関口、小林、小田、能勢、森、千種、矢野に、銀七枚ずつが下賜された。「去ル十五日御神像御立退之砌《みぎり》、格別骨折候付」（去る一五日の御神像御立退の節、特別に骨折ったので）との理由であった。同日、「羽二重壱疋」が阿部家家来朝倉新にも下賜された。

小林はさらに、「早々に御返事を申し上げるべきところ、はなはだ延引してしまいました。思い出すままに認め、草稿のままですが、御判読を願います」と書き、あくまで草稿としている。しかしながら、実に鮮明な記憶であり、書かれていることはほぼ事実であろうと思われる。

そのほか手紙に記された重要なこと

また小林は、「上野に上様（慶喜）が謹慎中の時、警衛していたことは御承知と思いますが、二月中旬ごろだったか、兄片桐省介が面会にきました。頻りに上京して京都新政府に出仕することを勧めてきましたが、徳川家の社稷と存亡をともに致し、一身を顧みず、尽力する決心でしたので、兄の論には耳を貸さずにいました。それで、やむをえず、妻子を兄に預け、国元の越後まで送りました。自分が戦死しても、子どもは養育すると言ってくれたので、早々に越後へ送りました次第です。これで、後の憂いもなくなったので、心安く働くことができると思いました。山岡・関口両先生と死生を共にできるとのことで、両国辺の幾稲という会席亭にて決別の宴を開いたのです」としている。すなわち兄と決別した経緯なども書き加えている。その際の兄の漢詩として「甘死殉難方此時、百年身世涙双垂、真情自有従容裏、大義於心果不疑」（死を受け入れ、殉死するのは今この時である。一〇〇年後のその身とその世を思うと涙が自然と流れるものだ。誠の心はおのずからあるもので、隠しても表にあらわれてしまうものだ。大義は心の奥底に在って疑うべくもない）を書き留めている。

さらに「その後、家宅はそのまま二五円にて売り払い、関口の隠居屋の二階を借りて、そこに引き移りました」と江戸の屋敷を引き払い関口隆吉の隠居所にすんでいたこと、「その後、小田・関口僊三郎・小林・山田某は、品川の方へ官軍先鋒の応接に行かされ、また応接所を引き上げ、天徳寺《てんとくじ》へ移ったころ、江戸城引き渡しがありました」と、官軍応接を行い、江戸無血開城時には天徳寺にいたこと、「前夜から脱走の兵が大砲などを打って脱走したので、その混雑は筆紙に尽しがたいものでした。品川口の方は今にも開戦になってしまうかもと思うくらいでした。江戸城引き渡しが済んで、関口隆吉君に随行して、城下を通った時、関口君は漢詩を作ったが、今も覚えています」として開城時にも戦争になりそうだった様子が記されている。

その時の関口の漢詩「清夜駸々馳馬行、馬驚胡笛與鼓聲、路頭扣轡仰天泣、空月明有孤城照」（清夜に粛々と馬を駈けさせた。馬は西洋の笛と太鼓に驚いている。道端に轡を控えて天を仰いで泣いた。空には明るい月があって孤城たる江戸城を照らしている）も書きとめている。おそらくこの時のことを書きとめた帳面があり、そこに兄の漢詩や関口のそれが書いてあったのだろう。それをもとに小林は泥舟に書簡を書いたと思われる。江戸城下から見ると、月がさみしげに江戸城を照らしている様子を詠んでいる。「空月明有孤城照」は「江戸開城」に際しての旧幕臣のなんともいえない思いを表わしている。

そして「六月下旬だったか、徳川家の御領地も定まり、その悦びは際限がなかった」とし、「七月上旬には兄省介からの来状があり、久々に会いに行きました。すると浜町の諏訪邸を拝借していて、多くの使用人も使っていました」。さらに、「国元にいる老親が、北越戦争中なので、とても心配だから、徳川家の領地も定まったことから、別にもはや徳川家に尽すことはないではないか、国元の老母を迎えに行ってくれないかと頼まれました。そこで、七月一六日に東京を出立し、越後へ行きました。いまだ戦争最中でしたが、長岡まで行きました。長岡藩家老河井継之助《かわいつぎのすけ》が勢いを盛り返しての大戦争、激しい戦でありました。その混雑にまぎれて小舟を見つけ、三条に下り、それから実家に行きました。余計なことまで書きました」としている。書簡では徳川家が静岡に領地を得たことを「その悦《よろこ》びは際限がなかった」（原文では「悦無際候」）と表現している。そして「往事真ニ如一夢御坐候」（昔のことはまさに夢のごとくです）と結んでいる。また、「尚々、鉄道も全通致しましたので、暖かい気候になりましたら、御でかけになられましたらいかがでしょうか」と誘い、「皆様へよろしくお伝えいただけましたらとお願いいたします、又頓首」で手紙が終わる。

こうして、江戸城紅葉山にあった東照宮の御神体は、彰義隊によって上野寛永寺に移動していたが、上野戦争直後、精鋭隊士にして泥舟弟子の小林らによって回収され、田安家に安置された。徳川家ゆかりの武士たちにとって家康を祀る東照宮は特別であったことが理解される。したがって、旧幕臣たちが、東照宮家康が晩年を過ごした駿府に移ることは、その心理的負担をかなり軽くしたとも思われる。

それでは次に静岡藩の成立から廃藩、そしてその後の展開までを鉄舟・泥舟を中心に見ていくこととしよう。

第四章　静岡藩士としての鉄舟・泥舟

1　静岡藩の成立と静岡への移住

課題山積み

明治元年七月、慶喜は、水戸弘道館から陸路銚子に向かい、同地から海路を静岡に赴いた（「履歴」『泥舟』）。泥舟は当主家達から用人に任命され、静岡移住希望者、政府出仕希望者、帰農希望者などの事務を江戸飯田町の屯所で取り扱った。その後、年末には自身も静岡に移住し、翌明治二年正月、田中奉行に任じられた。これは静岡藩約七〇万石を九か所に分割し、各地域に奉行をおいて管理させたものである。

泥舟の管轄した田中は約八万石、士族一二〇〇余戸であった。その後、田中奉行は田中勤番組之頭《きんばんぐみ》と改められ、また大属席となった。この時期の泥舟の能吏ぶりは、『高邁なる幕臣　高橋泥舟』研究編の藤田英昭「旧幕臣の駿河移住と高橋泥舟」に詳しいのでそちらに譲る。

明治四年の廃藩置県後、泥舟は、東京に戻ってきた。同書研究編の徳江靖子「引っ越し荷物にみる泥舟の静岡からの旅立ち」にはこの時の引っ越し荷物の分析が書かれている。それによれば、家財道具ばかりでなく、家屋の建築部材まで運んでいる。

その後、泥舟は一切の官職に就かなかった。泥舟としては慶喜公とともにこの世を遁れたのだからという心情であったようだ。それで、これまでの忍斎を改めて泥舟としたらしい。ようするに「狸にはあらぬ我身も　つちの船　こぎいださぬが　かちかちのやま」と自ら詠い、「狸ではない我が身も実は土の船だ。漕ぎ出さない、世に出ないのが勝なのだ」と戒めて泥舟としたのである（『泥舟遺稿』）。泥舟とは、土や泥でできた船だから、決して漕ぎ出さない、世には出ないのだという泥舟の、自らへの戒めなのであった。それで明治六年ごろには茨城県令や福岡県令の話があったようだが、断っている。また、明治一四年の勲功調査においても泥舟は勲功書も出さず、宮内省に出頭もしなかった（「鉄舟随筆」『泥舟』）。泥舟は始終一貫、徹底していた。

先に述べたように慶応四年（一八六八）閏四月二九日に徳川家達が宗家の家名相続人になることを許された。五月二四日には駿河府中城主七〇万石を給されることが決まった。これは徳川家が諸侯の一員として存続することを許され、再び朝廷を守護する者の列に加えられたことを意味する。かつて文久期に大久保一翁が徳川家は三河あたりの大名となるべきだと述べた。その後、慶応三年には後藤象二郎が、現在の緊急の「大條理」として将軍は諸侯と同列となるべきだと説き、のちにいわゆる「大政奉還」がなされ、混乱があったものの、ついに徳川家の諸侯並が、実現したことになる。

さて、駿河府中藩内にはかつて、沼津藩、田中藩、小島藩等があったが、それぞれ上総や安房《あわ》へ移封させられた。七月一八日には泥舟は用人小普請掛《ようにんこぶしんがかり》に任命され、江戸飯田町屯所《いいだまちとんしょ》に出勤して、駿河移住の用務を担当した。八月二三日には郷村《ごうそん》引き渡しが完了した。

しかし大きな課題があった。それは三万三〇〇〇戸にもおよぶ大量の旧幕臣をどうするかである。新規召し抱えは五四〇〇人程度を想定していたが、結局、無禄移住者を大量に抱え込まざるをえなくなる状況だった。なお、朝臣（含出願中）になった者三四五四人、御暇を下された者三四三六人、無禄移住者二八八六人で、無禄移住者の家族を含めた合計は、一万一一二二人にも及んだ。

田中城の番士たち

このような困難な状況から移住を果たし、田中城およびその城下周辺に住んだ勤番組の番士の状況を記録したのが、高橋泥舟直筆「支配勤番組姓名」である（故河越關古氏所蔵高橋泥舟関係史料、現在江戸東京博物館所蔵）。そこでその紹介をしておきたい。

この史料は、勤番組、すなわち無役（非役）の「静岡城外の番士」の基礎資料ということができる。短冊形で、氏名・生年・幕府時代の知行・家禄・静岡藩時代の等級と扶持・幕府時代の役職・宿・家族数等、四〇三名を書き上げている。一〇〇石以下あるいは一〇〇俵以下が半数以上を占めている。すなわち五等級あるうちの真ん中の三等級が半数以上ということになり、つまり、二人扶持以下が半数以上ということである。幕府時代の役職名があるのは二五パーセントで、それ以外の七五パーセントは記載がない。すなわち三分の二が非役の旗本・御家人であったと考えられる。住所を見ると、現在の沼津市から磐田《いわた》市まで散在しており、田中勤番組と言っても実態は田中城およびその城下にすべてが住んでいたわけではないのである。一部は、沼津城や田中城内に居住している例もあるが、全体の半数近くが寺院を住居としており、大量の勤番組を抱え込んだ結果、収容しきれずに寺院がその住居として利用されたのである。家族は三人あるいは四人が半数以上を占め、その次は二人で一六パーセントである。

また彼ら勤番士の生活実態を如実に伝えるのが、やはり高橋泥舟関係史料「内職取調姓名」である（前掲故河越關古所蔵高橋泥舟関係史料）。

藤田英昭氏の分析によれば、同史料は勤番組の生活実態調査ともいうべきもので、まずは内職の実態が記されている。すなわち、番士たちは、専門職としては、書画・浮世絵・印鑑・三味線・琴・刀研・医術・鉄砲・大砲・ガラス鏡・白銀・鍛冶《かじ》に従事していた。また、産業として、紙漉《かみすき》・提灯《ちょうちん》・曲げ物《もの》・筆・団扇《うちわ》・ざる・傘・たばこ・竹笠・菅笠《すげがさ》・竹細工・藤《とう》細工・真綿摘《まわたつみ》・子供手遊物・味噌《みそ》漉《こし》・建具・茶仕上・股引《ももひき》・足袋《たび》・箸・仕立・苧《からむし》・楊枝《ようじ》・竹刀・菓子折・象牙細工・根付《ねつけ》細工・メリヤス・機などがあった。その他として、煙管《きせる》磨き・時計磨き・漉返紙《すきかえしがみ》・剣槍道具取繕などにも従事していた。「静岡城外の番士」たちは、こうした仕事を生業として生きなければならなかった。なお、たとえば、書画・浮世絵・印鑑・三味線・琴・刀研・医術・鉄砲・大砲・ガラス鏡・白銀・鍛冶など、いずれも高い技術と知識が必要な内職である。これらの担い手は、江戸にいた時から携わっていたものだろう。江戸での武士としての生業を助けていたが、移転先の静岡でも大いに役立った。まさに「芸は身を助く」だった。産業として書き上げられたものにもそうしたものが多い。もちろん、静岡で身につけたものもあったかもしれないが、江戸から持ち込んだものも多かっただろう。幕末維新期の人の移動は、江戸の文化と地方の文化の交流・融合・離反・反発など様々な局面をもたらしながら、明治の東京文化・地方文化を育んだのである。「文明開化」のなかに「江戸の残像」を見るだけでなく、「江戸の残像」と「明治の新文明・新文化」のそうしたものを、静岡藩士の中に見るべきだろう。

ところで、内職に励みながらも徳川家に奉公しようと静岡に移住した勤番組は、朝廷を守衛する武士、つまり王城守護の立場からどう位置づけられるかといえば、もちろん、彼らも王城守護の最末端の藩ということになる。微禄ながら、そのプライドこそが、生きる糧だったのではないだろうか。自分たちも王城守護の一端を担っているのだということだけが、敗軍の将兵たちの生きる希望であった。それは、関東や越後、奥羽、蝦夷地で、薩摩・長州・土佐等と死闘を繰り返し、生き残った者たちの共通の思いでもあっただろう。そうした気持ちを持たねば、その後、明治の世に官僚になったり軍人になったり、また税金を納めることは難しかったのではないだろうか。誰もが、明治天皇のもとにある日の本の民と認識することが重要だった。そのためには、各地に残る城郭や天守は、旧領主の象徴であるから、明治新政府にとっては排除したい前代の遺物だった。明治六年一月、廃城令が出される。

城の破却

静岡藩内の城に関して言えば、静岡城こと駿河府中城やそのほかの城はどうなったか。

沼津城は、沼津兵学校が城内に設立され、廃城となってからは、破却《はきゃく》が進み、城内だったところに町場が形成され、石垣も無くなり濠も埋められて、現在は跡形もなくなっている。その主な理由は、沼津城主五万石の水野氏が、上総菊間に転封となり、城主がいなくなって破却が進んだことである。主を失った城はもはや破却の対象でしかなくなったのである。

ほかにも、城郭的構造をもった小島陣屋は、静岡藩の小島役所となり、その後は私塾包蒙舎教場や小学校として利用されたが、昭和三年（一九二八）に建物は解体され、土地は民間に払い下げられた。これは小島藩主一万石の松平氏が上総桜井《さくらい》（請西《じょうざい》）に移り、陣屋が支配所となって、さらにそれが無くなってからの利用として学校用地になったという典型的な例である。

一方、静岡城こと駿河府中城は、徳川家当主家達居所があり、藩役所があり、また静岡学問所があった。しかるに廃城後は、確かに破却が進んだが、本丸は市民のための公園として残され、一部の櫓などが復元されて今日に至っている。

同心円で縄張りされた田中城は、静岡藩時代は高橋泥舟が田中奉行（田中勤番組之頭）として住み、また勤番士たちの住居ともなった。廃城後は大いに破却が進み、今日では航空写真でかろうじてその同心円状の形状が確認できるのみである。本丸の平面や三の丸の堀、一部土塁が残るのみではあるが、上空からならその縄張りがくっきり浮かび上がる。田中城主四万石本多氏が安房長尾に転封したことによって静岡藩時代は、田中勤番組が置かれ、泥舟が支配していた。廃藩置県では、田中城の多くの建築物は、家臣団に払い下げられたり、部材が東京に運ばれたようである。なお、田中城の天守代わりの櫓御亭《おちん》は、泥舟四男偏通が養子に入った村山家に払い下げられ、現代まで村山家の住宅として利用されていた。村山家は藤枝市に寄贈し現代は、田中藩下屋敷公園に移築され、保存展示されている。また一部に土塁や堀が残っている。

ほかにも掛川《かけがわ》城は、城主五万石太田氏が上総芝山《しばやま》へ移住し、廃城。横須賀城も城主三万五〇〇〇石井上《いのうえ》氏が安房花房《はなぶさ》に転封となり、廃城、破却となった。相良《さがら》城も一万石の藩主田沼氏が上総小久保《こくぼ》に去って、廃城（ただし陣屋）・破却となった。浜松城も城主六万石井上氏が上総鶴間に転封して廃城、破却された。

明治という新時代において旧幕臣の生き方は、藩や他県の役人、家政機関の役人以外の大多数は、沼津兵学校や静岡学問所の生徒となるか、勤番組に所属するしか選択肢がなかった。そして廃藩置県後の城郭は、ほとんどが破却された。同時に勤番組も解体、役目そのものが消滅した。ただ、静岡藩の特異性として、明治初年に藩として成立したこと、藩内に複数の城郭が存在したこと、それらへ藩士らの移住があったことを指摘しておきたい。

かくして明治六年、「無主」の地となった城郭は、「封建社会の遺物」「徳川時代（前代）の遺物」としてしか扱われなくなった。そこには城郭の神聖性や城主の神聖性などはもはや存在しなかった。そして王城の守護者の支城としての各地の城郭の役割も実際の戊辰戦争を通じてその実効性に疑問がもたれた。そのことから廃城・破却に拍車がかかった。さらに陸軍と海軍が近代的軍備のさらなる整備を求めたことから、城郭はまったく不要とされたことを指摘しておきたい。

2　静岡での生活

廃藩置県時期の泥舟日記

ここでは高橋泥舟の「公雑筆記」(明治四年正月～一二月) から「廃藩置県」の時、幕臣はどうしたかを書いておきたい。この日記が書かれた時期は、まさに廃藩置県が断行された時期であった。泥舟の属する静岡藩そのものが廃されるという激動期にあった。また、東光寺御林一件が起きたり、泥舟が支配する勤番組が外国人通行にあたって警備を担当した。曹洞宗名刹可睡斎一件や元浪士組で佐久間象山の未亡人を娶った村上俊五郎の騒乱など、この時代ならではの事柄が記されている。また泥舟を訪ねてきた人物には、弟子松岡萬や慶喜側近白井音二郎、坂本龍馬暗殺犯今井信郎、「石油」命名者石坂周造などがいた。泥舟の四男が養子に入った村山家や山岡鉄舟家など、親戚・親類とのかかわり、泥舟娘の死などの家族の個人的な問題なども「公雑筆記」から垣間見ることができる。

廃藩置県とは何か

明治新政府は、明治二年(一八六九)一月には、封建的割拠状態の解消のための政策を推進するために、薩摩・長州・土佐・肥前の四藩主による「版籍奉還」の意見書を提出させていた。ただし、明治四年年七月一四日の廃藩置県は、突然の出来事だった。江戸からやっと静岡に落ち着いた旧幕臣たちにとっては、再び人生の選択をせまられる大きな事件であった。しかし泥舟の「公雑筆記」の同年七月一四日の条には、廃藩置県に関する直接の記事はなく、七月一八日の条に、前田五門が忌中であっても「御用多」なので「調所限り」出勤せよと織田権大参事から書付が来たとする。この「御用多」は廃藩置県によるものと思われる。すなわち同日の後段で、織田権大参事の内話では、静岡で聞き合わせた知事職廃止の件を言ってきたと書いていることから、それとわかる。ついで七月二一日には、藩知事は免職になったが、県と名前を変えた藩の業務はこれまで通りで、差し支えがないように取り扱えとのことであったと記す。したがって泥舟は以降も田中城の役所に出勤し、勤番支配組之頭としての仕事を相変わらず行っている。

ただし八月二日には、真野一が泥舟の所に来て、徳川家達が知事職を免職になったが、復帰していただきたいと朝廷に対して勤番組一同から嘆願したいとの申し出があったという。泥舟が、詳しく事情を話し、意見し、教諭したところ納得して帰ったとのことだった。廃藩置県を納得しない藩士も多く、泥舟たちは突出した行動を配下の者が起こさないように説得したことがわかる。こうした点からも泥舟たち藩上層部の廃藩置県にともなう藩内動揺をいかに抑えるかという、苦労がしのばれる。

そして年も押し詰まった一二月二四日には、いよいよ二八日が静岡県への書類引き渡しになるので、比留莞尓に手紙を送り、また同じ田中勤番組之頭並前田五門へは早めに出勤することを伝達した。翌二五日は、「早メ出局」して「諸書物」を「取集置」く、すなわち早めに出勤し、引き渡しの書物を取り集めて置いた。二八日には「午時過、新縣引継相済」、つまり、静岡県に引き継ぎが全部済んで、「旧官員先従前之通与之書面出ル」とあって、旧官員はこれまで通りとの書面が出たと記している。藩知事以外は、多くが継続勤務になったようである。官員の全員解雇などは非現実的で、漸進的な改

田中城御亭

革であったことが理解される。

なお、泥舟が書き留めた静岡県士族の集計が九月二二日に書き上げられているが、「静岡縣士族」は「惣計壱万三千七百六拾弐人」であり、そのうち、「官員」は「弐千百二拾六人」であった。つまり一五・四パーセントが官吏になれただけで、八四・六パーセントは無職となった。なおかつ、一五・四パーセントの官吏のうち奏任官は、一三人、奏任官出仕が、四人、判任官は、二四六人、奏任官準席が、一七四人で、圧倒的多数を占めたのが、「等外官員幷出役・附属其外等」の一六八九人である。ごく一部が残ったにすぎず、明治維新以降の社会変革のなかでも廃藩置県の社会的影響はかなり大きかったのではないだろうか。二一二六人から一六八九人をひいた四三七人が、全体に占める割合は、三・二パーセントである。この数は、各地の勤番組之頭が集計した数値を合計したものらしく、静岡県内の集計として比較的正確であると思われる。

静岡藩全体で、一万一六三六人が、生活の拠り所を失うことになった。

市井の大事件
——藩印盗難！

泥舟の「公雜筆記」には、明治四年正月から一二月までの泥舟の身の回りで起こった公務やプライベートな記事が記されている。それのみならず、市井の事件も一部収録されていて興味深い。

三月二九日の条を現代語訳すると、夜に入って藤枝の白子町の煙草屋を営む者が、上伝馬町酢屋なにがしの娘と駆け落ちした。双方の親類が出張って手荒なことにもなったので、助けてほしいと言ってきた。三郎平に双方を説得させ、双方の年寄たちを呼び寄せそれぞれ駆け落ちした二人を引き渡した。

七月二一日の条。古澤鉚三郎が墓参のため東京へ出立した際、吉原宿で盗難に遭ったのでそれぞれ探索した。見つからなかったので同宿の定宿ならびに宿役人たちの書付を取っておいた。そうして帰ったことを日高圭三郎が申し出でた。そうしたところ御藩印・御添状とも盗み取られてしまったことがわかり、即日、前田が静岡へ出て、このことを御届に及んだ。紛失したのは、田中勤番組が預っていた藩印と思われる。

一二月五日の条には、真野のことを中里から聞いた。當時藤枝宿の米屋の後家が、同人の宅へやってきて住んでいるとのこと。この婦人は、一時同宿親族で保福島屋という者の方へ預っており、そこへ入れ置いていたが、そこから逃れて、真野方へきていたということだ。

泥舟は、市井の民事、駆け落ちや押しかけ女房の話にも大いに関心があったことが理解される。もちろん藩印や添え状が盗まれたことは由々しきことであった。藩印は一体どうなったのか。もはや廃藩になったのだから、捺されていても文書としては効力がないはずであるが、悪用されたら問題になったのではあるまいか。

江戸（東京）に戻る

廃藩置県後、泥舟は家族と、東京と改めた江戸に戻った。四男偏通を村山家に養子として入れたが、まだ幼かったので東京で教育することにした。東京での住宅を造るために、田中で居住していた家屋の部材を引っ越し荷物とともに運んでいる。運賃を考えても現住の部材を運んだほうが安上がりだったのだろう。前述したように藤枝に残った村山家には、田中城御亭を払い下げてもらい住居とした。現在、御亭は藤枝市田中城下屋敷に移築され、江戸時代の唯一の田中城の建築物として大切に保存されている。

鉄舟も静岡藩権大参事として静岡に住んでいたが、茨城県参事や伊万里県権令を勤めた後、江戸に戻った。明治五年には宮内省に出仕する。

第五章　明治の二舟

1　鉄舟の宮仕え

徳川家達との別れ

明治四年八月二〇日午後、泥舟のもとに鉄舟の手紙がもたらされた。二二日には長谷川又市より書状が来た。また、鉄舟からもまた手紙が来た。泥舟の「公雑筆記」には「三位様御出發日限之義也」とあって、鉄舟が、藩知事を免官になった徳川家達が東京に出発する件を伝えてきたという。そこで、二四日「四ツ半時御役宅出發」、「静岡へ罷出」、「夕七ツ時過山岡へ着」とあるので、泥舟は家達に会うために静岡の山岡邸に赴いたことがわかる。翌二五日勝海舟邸に廻り、二七日「朝五ツ半前より山岡同道、三位様御住居へ罷出候處小鹿へ御出、留守ニ而拝謁不致、夫より縣廳へ罷出」とある。つまり、朝から鉄舟と同道して、家達の屋敷へ行ったが、小鹿（現在、ＪＲ東静岡駅南方の地名）方面へ御出ましになって、留守だった。結局、家達には拝謁できず、それから県庁へ行ったとする。なお、この日はさまざまなものを買い求めてもいる。「大慶直胤之刀 拵《かたなごしらえ》付壱本金弐両」、「白紙百枚、巻自子幷詩箋《しせん》六・状箱六・手本一・系紙小本一、右ニ而金二両弐分」「唐墨《からすみ》一挺金壱両」などである。

出世する鉄舟

泥舟は九月三日に田中に帰り、五日には鉄舟に手紙を送っている。その後、一〇月二六日には山岡邸が火に包まれたようで、「静岡山岡方へ一封差出、出火見舞等也」として出火見舞いを送っている。そして一一月一九日には「午後山岡より文通相届、披見いたし候処、茨木（城）縣参事被　仰付候付早々東京へ出發之由申来候ニ付、八ツ半時過より山岡へ相越」とあり、鉄舟から手紙が来た。鉄舟が茨城県参事に任命されたので早々に東京に出発することになったので急いで静岡の山岡に会いに行ったことが書かれている。その三日後の二二日「山岡義、今朝東京へ出發」「午後より山岡出立、黄昏罷帰ル」とあるので、鉄舟の出発が朝から午後になり、泥舟が田中に帰ったのが黄昏時だったと書く。また、一二日「山岡・大久保共免職相成候段申来ル」とあって、山岡が免官になったことが記されている。さらに一五日「ふさより文通有之、鉄太郎義茨木（城）縣御用取扱与申名乗候ニ相成居候由申来ル」とあって、鉄舟妻からの手紙によれば「茨木（城）縣御用取扱」と名乗ることになったとする。なお、全生庵に残っている山岡の辞令では、茨城県参事任命が一一月一三日、参事免官が一二月九日になっている。

その後、山岡に関する記事は、一二月二五日「長谷川又市今日静岡へ罷帰ル、山岡へ一封、明日出局之旨申遣し置」、二六日「午時半頃より藤枝出發、静岡へ罷出ル、七ツ時過山岡へ着」と見えている。二七日から翌年正月にかけては泥舟は静岡で公務を済ませている。静岡での滞在先は鉄舟宅である。火事にはあったが、それほどのものではなかったのかもしれない。いずれにしても鉄舟は一一月には茨城に向かっており、その後、静岡にも戻ってきたかもしれないが、東京に本拠を移すことになったのである。

2 久留里の宮部氏との交流

鉄舟の手紙、一通

年代がはっきりと書かれていないのだが、東京在住の鉄舟が、現在の千葉県久留里に在住していた宮部氏に送った書状「九月一〇日付宮部龜兄宛山岡鉄太郎書状」がある。千葉県の篤志家が購入し、君津市立久留里城址資料館に寄贈したものだ。たまたま親しく見ることができたので、まずはその釈文を示す。

尚々時候折角
御自愛専一ニ奉
祈上候、松月事
も当節者世事
練磨《れんま》いたし以前の

ものニ無之、貴兄
も不一方御心配
被下候處相顕
申候、此分ニ而も少
も心配相成候事無
之御放念可被下候、
老母の居候時分
者別而御心配相掛
候、同人も逢候節咄《はなし》
出申候、
神田君へも別段
書状拝呈可致處、
取込申候次第可
然御傳言《でんごん》奉願上候、
以上、
九月十日
〆

久留里　東京
宮部龜兄　山岡鐵太郎
坐下

現代文に訳してみよう。

尚々、時候折角御自愛専一に祈り上げます。松月の事も当節は世事に練磨いたしましたので、以前のものではありません。貴兄も一方ならず御心配をなさいましたことがありましたが、この分であれば、少しも心配されることはないでしょう。御放念くださってもよろしく思います。老母がいた時分は、特に御心配をお掛けしましたが、と同人（松月）も逢った時には話申しました。神田君へも別に書状を呈するところですが、取り込んでいますので、よきように御伝言をお願いいたします。以上です。

最後の部分は、久留里に居住する宮部に宛てた鉄舟の宛名と差出を書いた部分で、全文鉄舟の筆と思われる。

宮部とは誰か

東京に住む山岡鉄舟が、久留里に住む「宮部亀兄」に充てて書いた手紙である。宮部亀兄は、『黒田家臣傳稿本』（上総古文書の会編・刊）によると、旧久留里藩士宮部

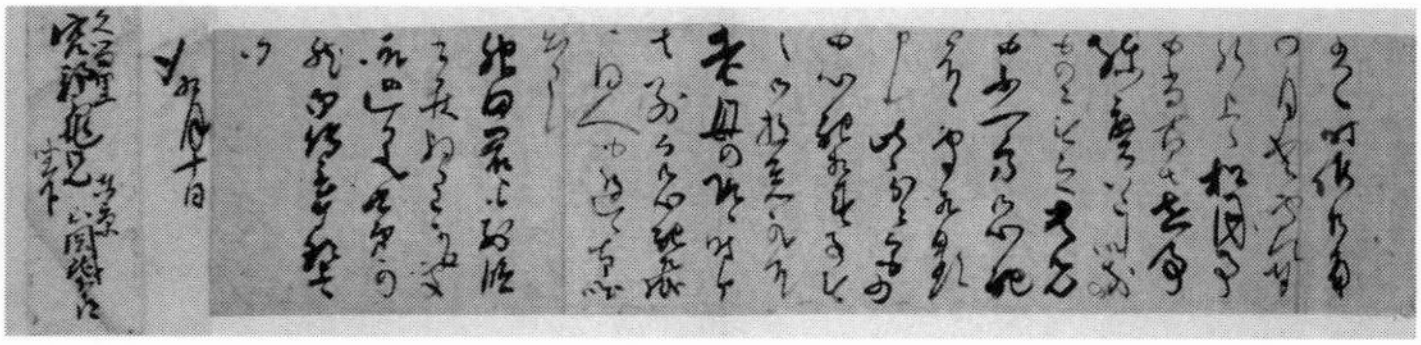

久留里宮部氏への書状

敬司である。宮部は幼名亀之助といい、鉄舟が「宮部亀兄」と書くのはこのためであろう。宮部の先祖は大和郡山藩柳沢家に仕えていたが、諸国を武者修行して幕臣となったとする。明治元年の上野戦争では彰義隊の説得にあたったという。おそらく宮部は鉄舟の配下として彰義隊の説得にあたったのであろう。その後、幕臣神田氏が久留里藩主の実家筋にあたるため、久留里藩領内に住みたかったため願い出た。ところが、朝廷に反逆した幕臣であることを理由に藩主黒田氏が難色を示した。そこで神田氏は宮部を介して鉄舟に頼み込み、鉄舟の計らいで無事に神田氏の久留里藩領内受け入れが行われた。宮部は、その功により久留里藩士となり、かつ神田氏の家扶を命じられたという。宮部はかなり前からの鉄舟の知り合いであったのだろう。

なお、文中の松月や老母は、旗本神田氏の縁者であろう。松月も鍛錬により以前とは異なり心配はないとするから、ひょっとすると松月を鉄舟が預かっていたのかもしれない。若い人で、剣術か禅か書か、あるいは学問を学ぶためか、鉄舟が預かっていたのだろう。老母が存命だった時分は心配を掛けましたと松月も逢うと話しているとして、今は松月が改心して励んでいる様子がうかがい知れる。松月が神田の縁者で、宮部が鉄舟に面倒を依頼したのではないだろうか。神田君には別に手紙を書くべきだが、取り込んでいるのでよろしくお伝えいただきたいと鉄舟は言っている。神田君は、松月の縁者で、宮部が親しくしているため、直接手紙を書かずに宮部に書いたものではないかとも思われる。年代は鉄舟が東京に移住した明治四年一一月以降で、なおかつ、宮部は同七年七月に亡くなるので、その間の手紙となろう。それ以上詳しくはわからないが、明治五年九月か同六年九月の手紙であろう。明治五年六月には鉄舟が明治天皇の侍従になったので、忙しくしていた可能性があり、明治六年九月の可能性が高いように思うが、これ以上の決め手はない。

ともかく、鉄舟が誠実に人の面倒を見ていたことを示す書簡である。久留里藩主黒田氏の縁者神田家の家扶宮部敬司に宛てた、明治五年か六年の手紙である。

3　士族授産——東光寺の御林一件

どこの東光寺か

ここでは、士族授産に関して書いておきたい。東光寺は、現在静岡県内には、静岡市清水区に二か所、同市葵区に一か所、島田市に一か所、富士宮市に一か所ある。このうち島田の東光寺が田中藩領であったことから、おそらく東光寺御林というのは、島田市内の東光寺のもので、田中藩領から明治初年には静岡藩の田中勤番組之頭の支配下にあったものであろう。

東光寺御林の泥舟「公雑筆記」の明治四年の初出は四月一二日である。東光寺御林が、これ以前にすでに何らかの懸案事項になっており、この日、泥舟は前田五門を連れて巡視したことがわかる。次は五月一四日で、この日は休日であったが、静岡から田中に支配替えとなった近藤・清水と面会した。その際、鉄舟からの伝言で、東光寺御林の件は、泥舟の意見をよく聞いて帰ってくるようにとのことであったという。そこで泥舟は以前からの経緯を相談し、この後、なんらかの引き合いがあったら直ちに、鉄舟からその者に対応するようにと伝言を依頼したという。これだけではなお明確ではないが、さらに、同月三〇日には、静岡への御用状を差し出したついでに、鉄舟に東光寺の件を書いた手紙を差し出したようである。

また六月二九日にも、朝から伊佐新次郎が来た。そのあと前田が来て東光寺御林の件で御用状が泥舟にもたらされた件で訪ねてきたという。廃藩置県の当日、七月一四日には、東光寺御林を受け取る段取りになったことが知られる。かくして、同一八日には、引き渡しが滞りなく済んだことが理解できる。さらに翌一九日にも、石原が今後のことを尋ねてきたことがわかる。

御林の引き渡し

その後も、同月二五日島田から尾貫・石川が、大塚斎へ用談があったのでやって来た。幸いにも、近藤精一郎外四名の者へ引き渡す東光寺御林のことを相談した。男谷へ一封を相渡した、とある。同二七日午後、金子宗蔵、男谷よりの伝言のことで来た。これは東光寺御林の引き渡しのことで、近藤精一郎外四名へ割り渡し一条は差支がないとのことを言ってきた、とする。八月七日は、男谷へ返書を差し出した。東光寺御林山のことだと書いている。同二八日は男谷が出岡（静岡に出ること）した。面会したところ、東光寺御林の件でいろいろ申し出た。かつ西尾の方もいよいよ大井川人足共へは依頼はしないので、当方で速やかに雇うようにしたいとの話があった。直に打ち合せ済とのことで平太殿へ申し上げたとする。いずれ帰田（田中に帰ること）の上は、速に願書を提出するように申し上げておいた。

九月三日にも「御林之義山岡へ猶申聞置」とか「御林山受取置候樹木、近々切取候方可然候事」などとあって、どうやら引き渡された御林の材木は、鉄舟にも報告の上、売り立てられたと思われる。おそらく勤番組の長屋建設に必要な資材を確保したりもあったとは思うが、大部分の東光寺御林の材木は売られて、換金されたのであろう。士族授産の走りである。

一二月八日には「時ケ谷御林山云々之書面」を莞尓から差し出された。それを預り置いたとあって、時ケ谷御林山も泥舟の管轄下にあったことが知られる。なおまた、翌年一月二五日の条に中藪田御林山の開墾に関して、附属する者たちを召し連れ、正午一二時より見分に行ったので、出局しないでそのまま、夕刻に帰宅したとする。勤番組の授産のための開墾と思われる。東光寺御林も時ケ谷御林山も材木を切り出し、換金した後は、茶畑などの開墾が計画されていたのかもしれない。

いずれにしても静岡藩時代の御林がその後の士族授産に大きな役割を果たしたことが知られる。島田の美しい茶畑は、入植した士族たちの不断の努力の賜物であるが、そうしたことが可能になったのは、勤番組に御林が払い下げられたことが大きかったかもしれない。そうした事務仕事に泥舟や鉄舟が果たした役割にも思いを致してもよいのではないだろうか。

4　士族授産の難しさ――村上俊五郎一件

泥舟『公雑筆記』四月一二日の条には、鉄舟とその弟小野飛馬吉が同行して田中の泥舟のところに来たことが記されている。これは村上俊五郎一条の件で、遠州あたりで騒ぎ立てているので、その解決のため同所へ行くということのようであるとする。泥舟の家で一泊したということだろう。

村上俊五郎とは誰か

村上は阿波の大工出身の武ばった男だった。清河八郎や鉄舟、石坂周造と交流し、浪士組に参加した人物で、佐久間象山の妻（勝海舟妹）を象山死後娶っていた。その村上が遠州で起こした事件が、村上俊五郎一件である。鉄舟が弟を同道して解決に赴こうとしているが、事件の内容は以下の通りである。

牧ノ原開墾のため開墾御用（三人扶持）として佐倉村に移住した村上は、農民を従え開墾に従事する。ところが、一部の農民と意見が食い違い、農民たちが反対運動を起こした。農民の反対運動に腹を立てた村上が、旧幕臣たちを集めて、反対運動の首謀者を懲らしめ、陣を張って気勢をあげたというものだ。四月一三日の「海舟日記」には「浅野、村上乱妨の内話、切腹或者入牢可然与云」とあって、旧幕臣で静岡藩役人の浅野が村上乱暴の一件を内々に話したという。妹婿の起こした事件にしてはかなり冷静な書き振りである。悪くすれば切腹、よくても入牢が当然と浅野が言ってきたようだ。

心配する泥舟・鉄舟

この事件には泥舟も大いに心配しており、同月一八日には「出局いたす、島田へ三郎平差遣し、山岡之様子為承候事」「夜ニ入山岡より書状来ル」とあって、出勤後、遠州島田へ三郎平を派遣し、鉄舟たちの様子を見させたところ、夜に入って鉄舟より書状が来たという。おそらくこの時点で事件は鉄舟たちの仲裁・斡旋で無事解決したのだろう。そのことを伝えた手紙と思われる。翌一九日には「山岡留守宅へ書状差出、尤昨夜保福島やへ相託し置」と書い留めているから、一八日夜には「保福島や」、おそらく飛脚問屋に鉄舟の静岡留守宅への書状を託している。二三日には「四ツ時過山岡来ル、安倍川留ニ付、一泊いたし候事」とあって、この日は事件を解決した鉄舟が泥舟宅にやって来て、安倍川の川止めとのことで、一泊することになった。事件の詳細を語ったのであろう。「夕刻より山岡同道大久保へ相越、夜ニ入下條来ル」とあって、泥舟・鉄舟の親戚大久保家に行き、夜には下條がやってきたとする。鉄舟は翌二四日、静岡に帰っていった。

村上一件は、鉄舟の働き、斡旋で、また泥舟の見守りで大事にならず、村上は事なきを得た。実に大変な時代であった。泥舟日記からもそうしたことが垣間見られる。

五月一五日には「山岡より石坂来ル、村上へ一封相托す」とあって、鉄舟から依頼されて義弟石坂周造が来た。石坂は牧ノ原に行くのであろう。泥舟は村上宛ての手紙を石坂に託したとある。戒めの手紙であったのではないだろうか。さらにこの問題と関係があると思われるが、二〇日には飛馬吉が午後来て、夕方帰っている。さらに六月二九日には、「午後駒井馬来ル、村上俊五郎より横須賀へ懸合候石坂忰《(ママ)》養子一件之内話有之」とあるので、先の村上一件とは別に石坂の倅の養子一件が村上から所管する横須賀役所に問い合わされたのだと思う。村上に石坂の子どもを養子にして村上の不行跡に歯止めをかけようとしたのではないだろうか。士族授産には、にわかにやって来た幕臣と従来から住んでいた農民との軋轢もあったことをこの一件は示している。

それでも牧ノ原台地の茶畑開墾は成功し、明治一一年、明治天皇の北陸東海行幸では山岡の尽力で開墾者代表として中条金之助・大草多起次郎が天皇に謁見し、下賜金をいただいた。実は徳川慶喜も百合の輸出や三方ヶ原の茶畑開墾に尽力した。静岡における茶の栽培には旧徳川上下の尽力があったことが知られる。

5 市井の「野老」泥舟

明治一五年のコレラ流行と泥舟

ここでは、静岡市在住の村山晴彦氏が所蔵される高橋泥舟関係史料を用いて泥舟と明治期の医療の一端を探ろうと思う。特に幕臣尊攘派だった高橋泥舟の書簡の中から、東京大学の御雇外国人医師ベルツに関する記事を分析する。いわば、明治・大正の医学をめぐる断章とでも言いうるものであるが、意外と興味深い事例をピックアップすることができた。これらの記事は、同時代の医学を考察するに足る内容と考えられる。

結論を先取りして言えば、江戸時代、尊王攘夷で鳴らした泥舟も、明治二〇年には、子どもの重篤な病には西洋医学の権威を頼み、日本国内で最高の医師であるベルツに診てもらって、どうにもならないのであれば、あきらめるしかないという意識になっていた。安永三年（一七七四）の『解体新書』刊行以来、西洋医学が日本社会に「油」の「一滴」のように浸透したが、ついに明治二〇年（一八八七）、つまり一一三年後には、最も外国人嫌いな古武士にも西洋医学が受容されて、子どもの命をあきらめざるをえない場合の心のよりどころになったことが理解される。もちろん血を分けた子どもの死に直面して藁をもつかむ気持ちだっただろうが、西洋医学が日本の庶民の世界に定着したことを思わせる事例である。もちろんこれは東京の事例である。さらに後段で詳述する。

なお、村山家の泥舟書簡は、『東洋大学文学部研究紀要』第七一集（史学科篇第四三号）に「史料紹介　村山家文書の高橋泥舟関係書簡について（上）」として、まず、史料の現代語訳を発表し、『同上』第七二集（史学科篇第四四号）に「同上（下）」として釈文全文を翻刻掲載したので詳しく知りたい方はこちらを見てほしい。

泥舟四男が養子に入った村山家

次に、村山晴彦家文書に関して簡単に述べておく。村山家は、泥舟の四男偏通《ゆきみち》が養子に入った幕臣村山栄蔵家に伝わった文書である。栄蔵の妻が智妙で、その娘がみき、偏通はみきの弟となっている。村山家は明治以降、代々藤枝に在住した。泥舟が明治五年一〇月ごろに東京に戻っても、村山家はそのまま藤枝に在住した。したがって、偏通も幼年期には藤枝で過ごし、少年期になって東京の泥舟のもとで教育を受けた。このため、偏通の様子を伝えるために、泥舟が智妙やみきに宛てて手紙をしたため、村山家によせた。この手紙が村山家に残り、大切に保管されたのである。泥舟の書簡（書状）は全部で五六通残っている。それらのすべては前述の通り、

「史料紹介　村山家文書の高橋泥舟関係書簡について（上・下）」として翻刻および現代語訳した。そこから、明治期の泥舟の生活で特徴的な書簡を現代語訳して紹介する。明治一五年（一八八二）九月二日付の村山智妙・みき宛泥舟書状の本文には以下のように記されている。

御両人様ご健康の事、先日大久保老人から聞きました。喜ばしいことです。そちらではコレラが流行しているとのこと、こちらは鎮まりましたが、そちらは如何でしょうか。いずれも食べ物から発症しますので、食べ物にはお気を付けくださいさい。偏通もいたって健康でいますから、安心してくださいさい。先日、妻が脚気で衰弱し、とても困りました。その上、子供も発熱し、やかましく四、五日難儀しました。昨今は妻も快方に向かい、子供も全快してようやく手すきになりました。私は老人になればなるほどに健康になっています。ただ疝気と痔に悩まされていますが、これは美人の祟りとあきらめています。先日山岡鉄舟にご依頼されたしたため物ですが、御書付を仕舞無くしてしまったので、今一通お認めくださいと偏通に依頼された件です。同人から山岡にお話したようですし、私からもお願いしておきました。山岡家も病人が居り、取り込んでいて、延び延びになっていますが、もはや快方に向かっているようですから、近いうちに出来て送って来るのではないかと思います。

要するに、コレラの流行と罹患、回復のことなど記し、村山家からの依頼である鉄舟の揮毫に関して、状況を知らせている。持病を煩い、流行病に用心し、家族の病気に悩まされて生活する、明治一五年の泥舟の様子が見て取れる。また、鉄舟の揮毫を求めた村山家に対して仲介している。ここからすると、泥舟は、自身が揮毫するだけでなく、鉄舟など近しい人物の揮毫でも仲介していた。親戚である村山家から金銭を得ることはなかったであろうが、他の人からであれば金品が発生したかもしれない。これが生活の足しになったこともあったのだろう。

コレラとのたたかい

次に、江戸から明治期のコレラ cholera に関して述べておこう。コレラは、津山藩の洋学者宇田川榕菴の「古列亜没爾爸斯説」や幕府御医師桂川甫賢の「酷烈辣考」などにおいて詳述された外来の急性伝染病である。前者は文政四年（一八二一）、後者は翌年に成稿したもので、ジャワで流行したコレラを江戸参府のオランダ人から江戸の長崎屋で聞いて書いたものである。同五年には心配されたように流行したが、これは中国・朝鮮半島・対馬を経由して流行した。安政五年（一八五八）には長崎から流行した。榕菴と同じ、津山の洋学者箕作阮甫や小浜藩医の杉田玄端が、文久二年（一八六二）に『疫毒預防説』を著し、予防の必要を説いた。これによるものかどうかは確認できないが、幕府内部でも検疫制度を検討したが、実施されなかった。明治一〇、一一年（一八七七・八）には大流行して、各地でコレラ一揆を招くに至った。同一一年、政府はコレラ予防仮規則を制定、明治一三年にはそれを拡充して伝染病予防規則を定めた。その後、同一五年六月に流行し、また二三年、二八年にも流行した。これは、幕府が諸外国と結んだ不平等条約のために、外国人への検疫ができないことが、流行を拡大したのである。そこで三二年の条約改正では外国人の検疫が義務付けられ、水際での予防措置が取れることになった。幕末の不平等条約は、国民の健康な生活に影響を及ぼしていた。

なお、泥舟書簡の言うところのコレラは、明治一五年四月横浜から流行し、東京・千葉・静岡、そして全国へと拡大していった。そのため、泥舟は、九月ではあるが、書簡のなかで、静岡藤枝での流行を心配し、江戸での沈静化を報告しているのであった。この史料はコレラ研究の上でも興味深い。

6　泥舟と日本人医師千葉立造・外国人医師ベルツ

つぎに、前述した医師千葉立造・外国人医師ベルツが登場する泥舟の手紙を紹介する。明治二〇年（一八八七）四月八日付の村山智妙・みき宛泥舟書状である。

病む泥舟一家

先日、塩沢久平が東京に出て来て、そちらの様子を親しく聞きまして安心いたしました。その時、同人へ詳しく伝言を頼みましたので、きっとお聞きになっていらっしゃると思いますが、偏通が二月末から体調を崩し、疝気も疑われ、次第に症状が悪化しました。幸い当時名医と評判の千葉立造、これは私の門人同様の者で、とても親切な人ですが、この人に診察してもらったところ、かなり重い症状であるとのことで、千葉から十分な治療を受けたものの、一時は心配な状態になりましたが、先月半ばから少しずつ快方に向かいました。しかしながら、まだ床に居り、私の居間までゆっくりとしか来れないような状態で、未だ薬用手当の状況です。心配なきように伝言を依頼しましたが、塩沢もぼんやりして忘れることもあろうかと思い、ご両人様のご近況をお伺い旁、こちらの状況を申し上げました。発病してすぐに少し申し上げようと思いましたが、遠地にお住まいのこと故、ご心配をかけてはと思い、あえて申し上げませんでした。ご心配なきように。先ごろ偏通が病気になってすぐに、誠治が富山でリウマチと脚気で悩み、独り者で難儀したため、やむを得ず東京に戻ったものの寝起きもままならず、実に困りました。本人は脚気の症状の方が重かったのが、この頃は大分快方に向かい、少しは働くこともしております。その間に私も時々持病で伏して困りました。この頃は家の内外の事で私一人では手が回らない状況です。ともかく時候の挨拶かたがた申し上げました。くれぐれもご安心ください。なおなお、妻からも宜しくとのことです。妻からも手紙を差し上げたいのですが、子供が病気のため手が空かないので、お許しください。

千葉立造は、泥舟・鉄舟の知人で、泥舟の門人、本業は医師である。明治二一年（一八八八）の鉄舟臨終にも立ち会った。鉄舟開基の谷中全生庵に墓所がある。泥舟および家族の主治医であった。「りうまちつ」は、reumatiek すなわち、関節・骨・筋肉の複合的痛みを伴う炎症で、今日、リウマチ性疾患あるいは膠原病と称される。誠治も泥舟の息子で、富山にいたがリウマチ性疾患に病んで、帰宅していた。この書簡を読むと、泥舟一家、ほとんど全員が病気をわずらい、千葉立造の治療を受けている。この中で、偏通の病状が大変重篤で、この年の二月からわずらっている様子がうかがえる。

そして、年未詳ながら、次の書状は、先の四月のあとの書簡と思われる五月一五日付村山智妙・みき宛泥舟書状である。

重篤な泥舟四男

偏通を深く心配していただき、長く育んでいただきましたのでさぞかしと思います。私としても追々そろばんや簿記の修行もできるようになれば、是非とも勤めさせて、ご安心なさるようにしたいものと楽しみにしていました。すでに心当たりに頼んでいたところでした。そんな時、ふと重病になり、一時はよかったので、この分だと早く回復すると思っていましたが、そのようにはならず、最近ではますます疲労し全快はおぼつかない状態になりました。天命とはいえ、まだ壮年ですので、たいへん残念に思います。誰にも言えないことですが、どうか私の心中をお察しください。医師も最初から難病であることを言っていましたし、特別に心配して力を尽くしてくれました。しかし寿命というものもありますから。全快しないと言うわけではなく、ともかく薬用させていました。おかゆも少しずつですが三度いただき、そのほか牛乳、スープは随分飲みました。お菓子もカステラやそのほか何でも少しずつですが、いただきました。何事もすでに決まっている、運命なので、人の力の及ばないことなので、御老体（智妙）があまりご心配になり、体が弱っては宜しくありません。偏通に手紙を送られ、為替で金子を送られた由、

千葉立造墓

同人も慶び、手紙を差し上げたく思っていますが、何分書く事も出来ないので、私から宜しく申上げるからと申しておきました。私たちで力の及ぶ限り薬用やそのほかのことでも、尽くしますのでどうか心配しないでください。私も老人になり、いろいろ心配事ばかりですが、これも運命と思い、少しもめげないでいます。いずれもお返事まで。為替届きましたこと申し上げます。

偏通の病気が心配で、村山家が為替を送ったことがわかる。「そっふ」はsoepで、スープのことであり、また「かすていら」はcastiliansh-brood、つまり現代のカステラである。明治二〇年代初期、オランダ語発祥の言葉「そっふ」や「かすていら」の用語が使われていたことが理解される。スープやカステラという用例は、この時代はまだ一般的ではなかったのかもしれない。

あきらめの境地

つぎも年不詳ながら、先の書簡の後、五月一九日付村山智妙・みき宛泥舟書状である。

偏通不快もすでに八〇日になりました。快方に向かわず疲労も強く、たいへん重病です。これまで療治してきた千葉医師は、私と兄弟同様に交わってきたもので、通り一遍な治療ではなく、いろいろと力を尽くしてくれました。しかし、思うようにならず困っています。そんなわけで、今日は朝廷（政府）が雇っている、東京大学医学部教師ドイツ人ベルツという「大医」に頼み、診察をお願いしました。そうしたところ、千葉医師の治療は、的確で、自分の見立て・治療計画と少しも相違はない。もっと薬を強く用いればよいということでした。日本ではこのベルツと言う人よりも上手な医師はいませんから、この人の治療で全快しなければ、それはもう天命としか言いようがありません。私も幸いに何とか生活して居ります故、第一の医師にも見てもらいましたから、たとえ天命が尽きても思い残すことはないので、せめてそのことはありがたく受け入れて下さい。遠く隔たっていますからなおさらご心配と幾重にもお察し申し上げます。そちらにいては、あなた様がどのように思ってもよき医師もいませんから、どうか心配しないでください。看病人も、我が家は御承知の大人数ですので少しも困りません。よね（泥舟の長女）も昼夜、偏通の病を気を遣い注意して一心に世話をしています。その点は少しも心配はありません。実は御両人様の内、お出で願いたく思いますが、寝所もない大人数で、ことにお留守になるお宅が心配で、猶更私の心が痛みますので、この上は御両人様万事お気を確かにもって、寿命は医師の力の及ばないところですから、神仏に祈っていただくようお願いいたします。さてさて思いもよらないことばかりですが、心中お察しくださいますように。この四、五日は子供も病気で昼夜やかましく大騒ぎしています。

ベルツは明治九年（一八七六）来日したドイツ人医師である。東京医学校（のち東京大学医学部）に教師として二六年在任した。宮内省御用掛も勤めていた。明治三八年（一九〇五）離日した。ベルツを仲介したのは、当時宮内省御用掛の義弟山岡鉄舟であろうと思われる。

外国人医師を受け入れる尊攘派

幕臣の中で、尊王で攘夷を唱える派閥の頭目だった泥舟も明治二〇年（一八八七）には、我が子偏通の大病はいかんともなしがたく、御雇外国人医師ベルツの診察を受けている。これは、前述の通り鉄舟の仲介によるもの。二五年前であれば外国人嫌いでそうしたことは一切しなかったと考えられる。それだけ、西洋医学が日本社会に定着したことを示す事例と言うことが出来る。また、ベルツと主治医千葉立造の診断が寸分たがわなかったことは、日本の医師のレベルもまた、西洋医学の先端とほぼ同一であったことが推察される。おもえば、安永三年（一七七四）の杉田玄白・前野良沢の『解体新書』刊行から一一三年、文政五年（一八二二）の宇田川玄随『西説内科撰要（増補重訂内科撰要）』から六五年、慶応四年・明治元年（一八六八）京都にウィリアム・ウィリスが入った時、すなわち「日本西洋医学元年」から二〇年にして、西洋医学が、西洋嫌いな、攘夷派の人たちにとっても信頼に足るものになったことを示す事例である。泥舟は、ベルツ以外には、最早日本にはこれ以上の名医はいないのだということを吐露し、そのベルツが認めた千葉医師が処方した薬で治らなければもはや諦めるしかないのだという、ある種の諦念を親族に宛てて書いていた。まさに異国《とつくに》の医学が、我が国の医学になった明治期の状況を示す書簡であったのだ。あわせて、攘夷派の泥舟書簡に外来語が頻繁に出てくることも興味深い。貴重な泥舟の書簡を保存された村山家の歴代に感謝申し上げたい。

ベルツ（1902年ごろ撮影）

7　慶喜の復権と鉄舟・泥舟

明治二一年（一八八八）六月二一日に慶喜が「従一位」を贈位された（山嵜千歳「明治政府と徳川慶喜」岩下哲典編著『徳川慶喜　その人と時代』）。慶喜は旧幕府時代に正二位にまでなっていたから、従一位は、慶喜にとって朝臣として家格の極官、朝廷内でも最高位に近いところまで出世したことになる。しかし慶喜にとってそれはまったく意外なことであった。まさか静岡に隠棲している自分が朝臣として出世するなど思ってもみなかったのだろう。またその喜びを二日後には東京の鉄舟に直筆の手紙で伝えている。これも全生庵に残っており、全文引用する。

喜ぶ慶喜

軽暑相催候處
愈御清寧、御起居
奉欣賀候、然者此度ハ
特指越以而被叙従一位
真ニ意外之事ニ而
難有仕合奉存候、右
御礼御吹聴申上度

如斯御座候
頓首
六月
廿三日　徳川慶喜
山岡鉄太郎殿

この書状は、元将軍が臣下である旧旗本に出したものとしては、たいへん厚礼なものである。文章も「御清寧」「奉欣賀候」「奉存候」「御礼」「頓首」など随所に相手（鉄舟）に対する深い敬意が認められる。手紙の形式的にも、「徳川慶喜」と丁寧に認め、「山岡鉄太郎殿」と鉄舟を紙の奥の天に近くに置いている。明治二二年の慶喜にとって山岡は最大限、敬意を表すべき相手であった。これは、やはり鉄舟が「江戸無血開城」を成し遂げ「一番鎗」であったことが大きいと考える。一度目は、鉄舟の「一番鎗」で命を救われ、今回は、鉄舟の尽力で朝臣として出世が叶ったのである。喜ばずにはいられなかったのだろう。この手紙の一か月後、七月一九日、鉄舟は胃癌で亡くなる。すでに二月から流動食だったというし、同月には最後の参内をして、明治天皇に別れを告げていたというから、慶喜もここぞと鉄舟への最後の感謝の気持ちを著したのかもしれない。慶喜にとっても、鉄舟にとっても最初で最後の厚い礼を尽くした手紙だったと思われる。

その後、慶喜は、明治三〇年に東京に移住し、三三年麝香間祗候《じゃこうのましこう》となった。名誉職ではあるが、旧

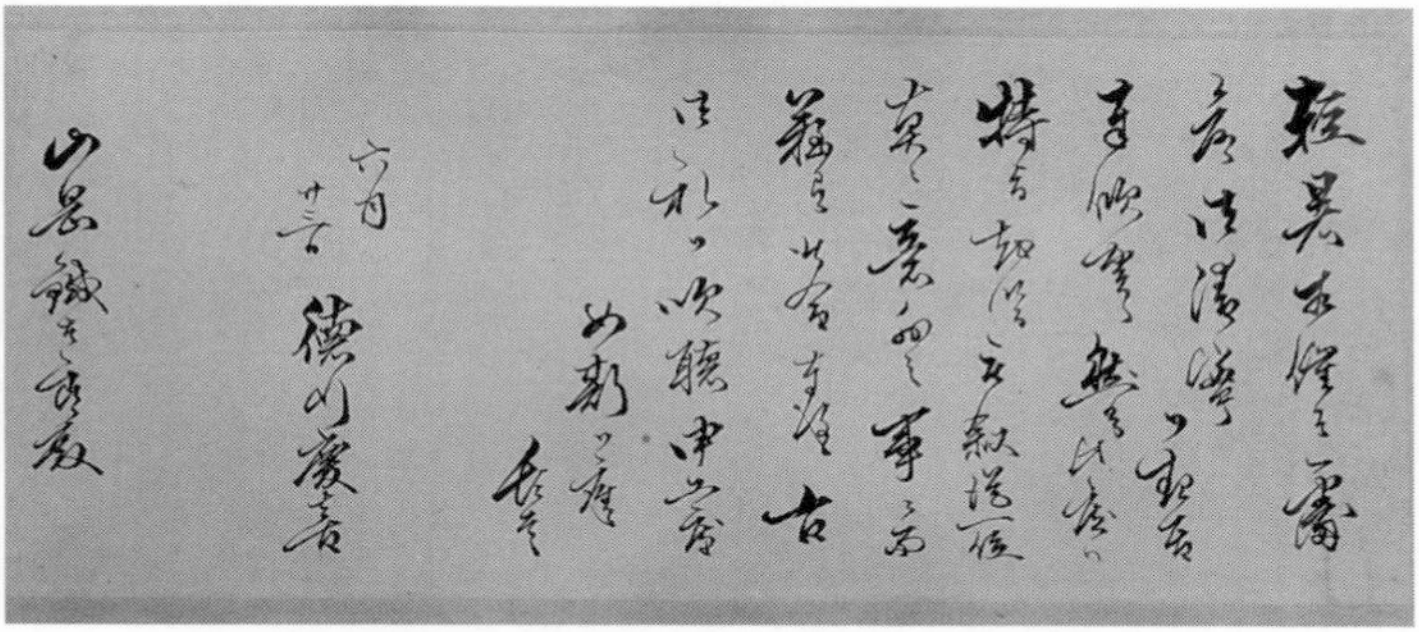
六月 廿三 徳川慶喜
山岡鐵太郎殿

明治21年６月23日付山岡鉄舟宛徳川慶喜書状

幕時代の摂家や将軍家の扱いである。明治三五年六月には、公爵を親授された。それも徳川宗家の別家徳川慶喜家として独立した公爵家になった。明治一七年の華族令制定以来、無爵からいきなり公爵になったのは慶喜が初めてである。

ところで同年、泥舟は東京の慶喜邸に拝謁しゆるゆると話をしたことが日記に書かれている（『泥舟』）。しかし、何を話したのかまでは、わからない。東京での泥舟の住まいは山吹町や牛込矢来町などであった。まさに隠棲というにふさわしい暮らしぶりだったという。しかし、三遊亭円朝とは交流があったし、泥舟のところにはそれなりの来客があったことが「日記」に書かれている。その中の一人にのちに『泥舟遺稿』を編集・刊行した安倍正人もいた。

慶喜、泥舟の歌に感極まる

また明治三五年一二月七日の慶喜の公爵叙爵の祝賀会に泥舟は出席した。そこでは泥舟の作歌が陸軍戸山学校軍楽隊によって音楽にのせて演奏された。慶喜はことのほか喜び二度も演奏させたという。また、泥舟にはいろいろと慶喜からご下命があったらしい。さらにこの時は久しぶりに大鳥圭介らに面会し愉快な時間を過ごしたようだ。この時の泥舟の作歌は、「寄山祝」「寄松祝」「菊」であった。最初の「寄山祝」は慶喜の父斉昭の領国常陸の筑波山を詠んだ歌、筑波山を仰ぎ見るのは、わが君の御影を仰ぎ見るのと同じと歌う。つぎの「寄松祝」は『泥舟』から引用する。

神さふる、岩根の松は、おきわたす、霜にもたへて、ふりつもる、雪を凌ぎて、枝もさし、其葉も茂り、としことに、いや栄えつつ、みとりなる、色をふかめて、十かえりの、花咲ををり、蔭高き、梢をみれば、のとかにも、友むつれして、千代経へき、鶴そむれゐる、影移す、淵をしみれば、ゆくらかに、友うちつれて、万代の、亀そあそへる、鶴亀の、齢かさねて、君はしも、幸くいませと、其故旧の、臣らつといて、八束穂の、足穂さかゆる、秋の日の、けふの足日に、祝ひつるかも

神様がいらっしゃる岩根の松の木が、霜にも耐えて枝振りもよくなり年ごとに繁茂し緑の色も深めている。花咲の枝をおり、梢を眺めているとのどかに友と連れ立って一〇〇〇年もたつであろうか鶴が群れて餌をついばんでいる。影が映っている淵を見ると、ゆるやかに友を打ち連れて万年の亀が遊んでいるようだ。鶴亀の年齢を重ねても慶喜様、あなた様は幸せになっていただきたい。それで旧幕臣の我々が集って、この秋の日にお祝いを申し上げるのです、とでも訳せようか。歌の中の松の木は、

松平、すなわち徳川を意味していよう。徳川家臣団が栄えていることをも喜び合う歌であった。だからこそ、慶喜叙爵祝賀で歌われたものである。最後は「菊」である。

草も木も、なへて移ろふ、此頃の、露にひもとき、この頃の、霜にかをりて、さきとさく、籬の菊は、朝夕に、色をふかめて、みることに、めつらしきかも、やま人も、うへ愛つらむ、秋ことに、千代を契りて、いやさきに、咲こそまされ、万代に、齢のふてふ、花は此はな。

この歌の菊は朝廷を意味していよう。つまり、水戸家・幕臣・朝廷のいやさかをことほいだ歌なのである。まさに維新後三〇年かかってここまで来たという感慨がこの歌には込められているし、祝賀会でもそのことは参加者に共有されたことであろう。ここにきて泥舟には思い残すことがなかったのではないだろうか。それがいよいよ現実のものとなるのは翌年二月一三日であるが、それについてはもう少し先で述べたいと思う。

第六章　鉄舟・泥舟と禅・仏教

1　正受老人と白隠禅師

鉄舟、西郷の禅問答

先に「江戸無血開城」の最も重要な局面、先の駿府会談で、鉄舟と西郷が談判した内容を第三章で子細に検討した。その背景に「禅」、すなわち「禅問答」があることに思い至った。特に西郷が示した五か条、つまり、鉄舟直筆「慶応戊辰三月駿府大総督府ニ於テ西郷隆盛氏ト談判筆記」にある次の五か条の内の最後のか条が重要なのだ。

一、城ヲ明渡ス事
一、城中ノ人数ヲ向島へ移ス事
一、兵器ヲ渡ス事

一、軍艦ヲ渡ス事
一、慶喜ヲ備前ニ預ル事

この最後の一か条、主君慶喜を岡山池田家に預ける、とする条目に、鉄舟がほかの条件はのむが、これだけはのめないと敢然と反対し西郷を論難したことが、それにあたる。そして、西郷に攻守、所を代えて、もしもあなたが私だったら島津公を他家に預けることはのむことができるのか、と反駁したことが、西郷をして返答に窮せしめた。かくして、慶喜処遇だけは保留にして、江戸で継続交渉となったのである。このことは、まさに鉄舟と西郷の禅問答の結果と思わせるのである。つまり、「禅」が幕末の最も重要な政治的交渉・決断に大いにかかわっていたのではないかと思う。

そこでここでは、その前提として、鉄舟・泥舟がいかに禅にかかわっていたのかを改めて検討してみたい。

もちろん、鉄舟が禅に関心があったことは以前からよく知られている。たとえば一九九七年の『禅と武士道』（ぺりかん社）に収録されている文献のうち、横尾賢宗「禅と武士道」と大森曹玄「鉄舟の禅」は、禅と鉄舟に関して総括的に論及したものだ。『禅と武士道』のいちばん最初に収録された横尾賢宗「禅と武士道」は大正五年（一九一六）の『禅と武士道』（国書刊行会復刻版、昭和五三年）に収録されたものである。また、最後に収録された大森曹玄「鉄舟の禅」は昭和四五年（一九七〇）『山岡鉄舟』（春秋社）に収録の文献である。また、近年の『最後のサムライ　山岡鐵舟』教育評論社、二〇

○七年でも全八章のうち第四章は鉄舟の剣と禅に言及している。

ここでは、それら先行研究では全く言及されることがなかった、信州飯山の正受庵およびその庵主正受老人とその弟子白隠と鉄舟・泥舟のかかわりに関してこれまで知られている史料や従来知られていない史料をも用いて述べてみたい。そこから正受庵の正受老人とその弟子白隠への鉄舟・泥舟の想いを明らかにしたいのだ。

なお、今日の臨済宗では現存の諸派はすべて白隠の法灯を継いでおり、すべての臨済僧は白隠の法灯につながるとされる。すなわち白隠は臨済宗中興の祖と仰がれている。このことは実に重要である。近世中期の正受・白隠という臨済宗の禅僧と幕末二舟鉄舟・泥舟がいかに切り結ぶのか。

正受老人とは誰か

まず最初に正受老人と白隠に関して詳しく紹介する。正受老人が終生を過ごした正受庵は、現在、長野県飯山市の千曲川左岸の段丘上にある。臨済宗の中興の祖白隠を育んだ場所であり正受老人が創始した草庵である。白隠は「駿河には過ぎたるものが二つある。富士のお山と原の白隠」と称された、大名や武士、民衆にも人気のあった高僧である。

ところで、臨済宗は、栄西に始まり、今日では南禅寺派、天龍寺派、相国寺派、建仁寺派、東福寺派、建長寺派、円覚寺派、大徳寺派、妙心寺派、永源寺派、方広寺派、仏通寺派、国泰寺派、向嶽寺派などに分かれている。ちなみに山岡鉄舟が開基の全生庵は国泰寺派である。

明治中期から日本の仏教を研究した、東洋大学学祖井上円了は近世の臨済宗に関して「徳川氏の時代に至れば、愚堂（東寔）、（至道）無難、正受慧端、白隠等の諸師ありて、よく宗風を扶持せり」（カ

正受庵

ッコ内・下線部：岩下）と簡略ながら正確に述べている。

なお、円了は、明治二九年（一八九六）に長野県飯山町・常盤村・柳原町（二町一村はすべて現在の飯山市に含まれる）にて講演をしているので、その際、正受庵を訪れた可能性がある。円了が述べるように、白隠の師として正受老人は認識されている。正受老人自身は栄達を求めず、飯山の一庵主として生涯を終えたので、実はその生涯は一般にはよく知られているとはいいがたい。その点でも円了の記述は、なかなか目配りが効いている。

ここでは、飯山の地域史研究に学びながら、正受老人の略歴を述べておく。正受は、寛永一九年（一六四二）飯山城で生まれた。父は松代城主真田信之、母は後に出家して李雪といい、信之の寵を受けた。正受の出自や飯山城主松平忠倶《ただとも》に預けられた経緯は一切不明である。いずれは忠倶の後継者の良き相談相手たるべく育てられた。が、しかし万治三年（一六六〇）一九歳の時、忠倶に従い江戸に出府したのが出家の契機となった。すなわち江戸屋敷を出奔し、東北庵主至道無難の弟子となり出家してしまった。これは藩主への背信行為であったが忠倶はこれを許した。正受は、無難の印可を受け、その後、東北を巡歴して東北庵に戻った。

寛文五年（一六六五）二四歳の時、東北寺（東北庵が寺に昇格）住職就任の要請を断り、飯山に帰郷、翌年正受庵を建立し庵主となった。その後、再び江戸に出て無難の死を看取り、飯山に戻った。その後、城主松平家が遠州掛川に転封の際も転封先に供奉することを要請されるが、飯山に残留することを選んだ。かくして正受庵にて修行の日々を送る。

白隠との出会い

そして、宝永五年（一七〇八）正受六七歳の時、二四歳の若き白隠が意気揚々と正受庵にやってきたのである。そのいきさつは後述したい。その後、正受は八〇歳で遷化した。その遺偈を現代語訳すると「坐禅をしながらの入寂よ。末語の一句は、もはや死が急に来ていうこともままならぬ。無言の言を遺言としよう。なに言うものか、やはり言うものか」（原文は漢文で以下の通り。「坐死　末後一句　死急難道　言無言言　不道不道」）であった。正受の跡は弟子の宗覚が継いだ。安永一〇年（一七八一）、すでに白隠は入寂していたが、白隠の弟子東嶺円慈が正受老人六〇年遠忌に正受庵を訪れ、正受老人や母李雪の墓を建立した。

なお、白隠は、前述の通り臨済宗中興の祖である。その教えは「衆生本来仏なり」「此の身即ち仏なり」として『白隠禅師座禅和讃』として、生きている人間の中に仏性を説いた。白隠の和讃は今も臨済宗の寺院・法会で読み継がれている。

白隠は、貞享二年（一六八五）東海道原宿（現、沼津市）長澤家に生まれた。正受とは四三歳違いである。父は杉山権右衛門、母は長澤氏、つまり父は養子である。元禄二年（一六八九）五歳の時「世の無常」を感じ、七歳で「法華経」講義を聴く。一一歳で地獄を連想して号泣し、一三歳の時、出家を願うが許されなかった。元禄一二年、一五歳の時、東海道原宿の松蔭寺にて念願の得度・出家した。

白隠慧鶴筆「達磨図」

二〇歳で岐阜瑞雲寺馬翁宗竹に師事した。そこで「至道にあり、暁夕怠らず、夜坐睡らんと欲すれば錐を引いて自ら刺す」と記した『禅関策進』に出合った。その後、若狭小浜、伊予松山、備後福山、備前、播磨、伊勢などで修行し、宝永五年（一七〇八）二四歳の時、越後高田の英巌寺で、正受老人の弟子宗覚と衝撃的な出会いがあった。かくして宗覚の師正受老人に参禅するため、信越国境を越えて正受庵に至り修行することになった。

大悟した白隠のその後

正受庵での修行は八か月に及んだが、最初のころは正受老人の厳しい指導に白隠は心が折れそうになることもしばしばあった。正受老人は白隠の慢心を戒めて大悟することを期した。それが現実になり、ついに白隠は悟りを啓くことができた。そして正受庵の後継者になることを正受老人から請われたのである。その後、参禅するものが増えたことで庵の維持が困難となったため、白隠は正受庵を辞して、故郷原の松蔭寺に戻った。正受老人は名残惜しそうに二里ほど見送ったという。その後、白隠と正受老人は相まみえることはなかったのである。その点は白隠研究の中でもなぞとされていて、今日まで論争になっている。

さて、宝暦七年（一七五七）刊行『夜船閑話《やせんかんな》』によれば、白隠は二六歳の時「禅病」に犯されたことから洛東白河山中で白幽真人から内観の秘法を授かったという。なお、同書は今でも僧侶の健康法の書として読み継がれている。これなども白隠の影響力の大きさを物語る。その後、三四歳で妙心寺第一座となり「白隠」と称した。しかし、京都妙心寺には入らず、駿河松蔭寺を拠点に活動し、次いで三島の龍澤寺を創建し、弟子の東嶺円慈を開山とした。この龍澤寺は、明治期、鉄舟が東京から徒歩で通い参禅したことで有名な臨済禅の道場である。

明和四年（一七六七）、白隠は八三歳で松蔭寺において遷化した。遺偈はない。「大吽一声」つまり大きく「うん」と一言言って遷化・入寂したのである。まさに白隠らしい死に方ではないだろうか。「うん」には「わが命尽きたり」という意味があったのだろう。多くの弟子を育て、多くの著作をものした白隠ならでは、の生き方であり、死に方である。

白隠は、中国由来の臨済禅を「日本禅」に転換させたと言われている。つまり日本人に合った禅の修行法を確立した。それは、多くの諸衆の大衆禅と正受老人仕込みの厳しい禅の融合であった。つまりそれは正受老人から白隠へ、そして幕末明治期には鉄舟・泥舟へと受け継がれ、鉄舟・泥舟による正受庵の発見と再興につながっていくのである。

2 泥舟・鉄舟の禅修行と禅寺

泥舟、琳瑞と出会う

元治元年（一八六四）、泥舟は伝通院塔頭処静院住職琳瑞と出会った。琳瑞は「才幹衆ニ秀デ」た浄土僧侶で「仏道救国」を理想として奔走していた。水戸斉昭・藤田東湖・高杉晋作・高橋泥舟・山岡鉄舟・清河八郎などと交際したという。琳瑞は天保元年（一八三〇）出羽国谷地（現、山形県河北町）に生まれたので、泥舟よりも六歳年上である。出会いは琳瑞が、泥舟らの道場を覗いて非難めいたつぶやきを弟子が聞きとがめたことから始まった。琳瑞は道場内に連れてこられ、泥舟と対峙した。まずは、琳瑞の稽古を見せてほしいとの要望に応えると、琳瑞は稽古は神妙で実際的であるが、あと一歩だとした。別室にて、あと一歩とはいかにと泥舟が尋ねた。すると琳瑞は稽古であっても真剣勝負たるべきだ、として槍術に関して仏教的な解釈を施したという。泥舟はその場で琳瑞に弟子入りし、泥舟・鉄舟は琳瑞と「水魚の交わり」をなしたという。泥舟の槍術に仏教的な素養があるとすれば琳瑞の影響であるとされる。

文久二年（一八六二）、清河八郎や泥舟・鉄舟の浪士組は、琳瑞の伝通院処静院に集まり、ここから京都に出発した。琳瑞は浪士組（のちの新選組・新徴組）の物心両面の支援者であった。しかし、浪士組を分裂させて江戸に戻ってきた清河八郎が、幕府の命により旗本佐々木只三郎によって暗殺された。清河の遺体を回収したのは鉄舟・泥舟の弟子たちで、鉄舟・泥舟らは後に清河八郎とその妻お蓮の墓を処静院に建立した。現在伝通院墓所にそれはある。

ところで、いわゆる「大政奉還」が行われた直後、慶応三年（一八六七）一〇月一八日夜一二時過ぎ、小石川三百坂にて琳瑞は暗殺された。泥舟の播磨坂上の邸宅から処静院に戻る途中であった。泥舟・鉄舟は多額の香典を贈っている。琳瑞の墓も伝通院墓所にある。また昭和一九年（一九四四）になって琳瑞ゆかりの山形県河北町曹洞宗定林寺境内に琳瑞顕彰碑が建立された。琳瑞は泥舟・鉄舟にかなり大きな影響を与えた僧侶ということができるが、その詳細は今後の課題であろう。

なおまた、泥舟の長女米子は河北町谷地の曹洞宗長谷寺住職の妻になっている。これも琳瑞が取り持つ仏縁というものかもしれない。またさらに言うと明治期には曹洞宗可睡斎の禅学校創立に泥舟・鉄舟が協力している。また泥舟は静岡藩時代、田中で亡くなった幼い娘を日蓮宗大慶寺に葬っている。

鉄舟、禅と出会う

鉄舟と禅との出会いは、鉄舟が若いころとのことで、時期ははっきりしない。父小野朝右衛門高福は禅の心得があったらしい。父が高山の飛驒郡代時代、後に父母の菩提寺になる宗猷寺の和尚を鐘をもらうとやり込めた話は有名だが、出典がわからない。また鎌倉時代の禅僧宗峰妙超（大燈国師）の遺誡に思うところがあったともいう。剣と禅の一如を目指し、昼夜徹底的に打ち込んだといわれている。それゆえ、明治期の師家由利滴水に「鉄舟は別物」と言わしめた。

なおまた、鉄舟と関係のある寺院をあげれば下記の通りである。

三島の臨済宗龍澤寺は、白隠が弟子東嶺を開基とした寺である。ここに鉄舟は明治期の宮内省勤務時代、東京から徒歩で通い参禅した。参禅するたびに鉄舟は白隠を意識したのではないだろうかと思われる（後述）。

湯島の臨済宗麟祥院は、鉄舟がホームレスなどに食事の施しをする「無礼講」を行った寺院である。もちろん滴水や今北洪川がいたころ、参禅もしたであろう。ちなみに、明治二〇年九月、井上円了が東洋大学の前身哲学館を最初に開いたのが、麟祥院であった。

鉄舟自身が開基となったのが臨済宗全生庵である。明治一六年（一八八三）に越中高岡国泰寺より松尾越叟を迎えて開かれた。ここには鉄舟・泥舟の共通の弟子たちが葬られている。不慮の死を遂げた旧幕府関係者の菩提を弔い、当時廃れつつあった仏教の再興隆のために建立されたといわれている。また、現在、鉄舟寺と称する寺が静岡市清水区にある。もともとは、久能山東照宮の別当寺だった久能寺を再建することが鉄舟の願いであったが果たせなかった。鉄舟死後、泥舟らが久能寺のあった場所に臨済宗鉄舟寺として建立した。

こうしてみてくると、高橋家は日蓮宗、山岡家は日蓮宗であるが、泥舟・鉄舟は浄土宗僧侶とも交わり、また、鉄舟は臨済禅に傾倒しており、宗旨にはそれほどこだわっていないようにも思える。ともかく禅に傾倒したのである。

鉄舟が師事したのは越僾（国泰寺）、関無学（梅林寺・妙心寺）、滴水（天龍寺）、洪川（麟祥院・円覚寺）の各禅師であった。すべて臨済禅の師家である。

鉄舟の境地

こうして、鉄舟が到達した境地は、「晴れてよし　曇りてもよし　富士の山　もとの姿は　かわらざりけり」という悟りであった。実は白隠の画賛に「おふじさん　かすみの衣　ぬがしゃんせ　雪のはだえが　見とうござんす」という一見妖艶なものがある。鉄舟はそれを万人に受け入れやすい言葉にあえて翻訳したもののように思える。鉄舟には、「精神一到何事不成かたつむり　富士へのほらは　のほるへし」とか、「剣術の　極意は　春の柳かな」あるいは、「死切て　みれは誠に　楽がある　しなぬ人には　まねも成まい」といった境地の言葉もある。鉄舟の禅は、剣や書と一体であるというが、まさにその通りで、一つのものだけでも徹底するのは困難であるのに、剣も禅も書も徹底して行い一つの境地に達したものと思われる。それは白隠への欽慕ではなかっただろうか。

対して、泥舟は、「狸には　あらぬ我身も　つちの船　こき出たさぬか　かちかちの山」で、隠士として生きることを宣言したものの、「生れすは　しなさらましを　何なれは　しにに生れし　身にはあるらむ」（生まれなければ死なないものを、なんとなれば死ぬために生まれてきた身ではあるものよ）と生まれてきたことへの後悔というか、残念な気持ちを残している。鉄舟の徹底さには幾分及ばないところがある。

3 鉄舟・泥舟と正受庵・白隠とのかかわり

鉄舟、正受庵の現状を知る

鉄舟も泥舟も仏教、特に禅には関心を持っていた。傾倒した。中でも鉄舟は臨済禅に造詣が深く、白隠の達磨図も所蔵し、白隠の境地を会得していたことは前に述べた。鉄舟の中で白隠はなじみ深く、歴史上の人物以上の、法灯上の師家であったから、明治一一年（一八七八）九月、飯山正受庵の荒廃の現状と再興の願いを聴いたときは、これはやらねばならないことと考えたと思われる。

この年の九月天皇は北陸に行幸した。鉄舟も侍従として随行し、行在所である善光寺大勧進（天台宗、善光寺には浄土宗の大本願があり、善光寺は双方が共同管理する兼学の寺院）において弟子の内田三郎兵衛から正受庵の荒廃を確認したという。鉄舟は妙心寺派の東京出張所に再興願を出すように依頼、また明治一六年（一八八三）地方官会議で長野県令大野誠に再興願が出たら頼むとした。この時、すでに再興願が提出されていたが止まっていたことも判明した。

また、明治一六年一〇月には山越小三太の案内で、泥舟が正受庵を訪問し、地元関係者と面会した。これは明治一一年の鉄舟の正受庵荒廃の認識があって、鉄舟が義兄泥舟に調査を依頼したものと思われる。また今日、正受庵に伝わる什宝（前述の「坐死の遺偈」など）を見出して、保存のための表装を約して東京に持ち帰り、その約束を果たしたのである。この時、泥舟と鉄舟がそれぞれ尽力しなければ、正受庵の再興はなかったとされる。なぜそれほどなのか。
その答えとして、泥舟が、返却の際、書き残した什宝の箱の蓋裏に書かれている文章をみてみよう。それは以下のように書かれている。明治一七年（一八八四）晩春、三月の年紀がある。現代語訳したものを掲げる。

明治一六年に信濃に遊び、飯山正受庵に参詣した。正受老人の墓「栽松塔」を拝した。地元の信徒がいうには、維新以降、正受庵には有力な旦那がなく、官からは廃絶させよとの命があったという。私、泥舟は正受老人の高徳を欽慕していたので、その旧跡が朽ちてしまうことを残念に感じた。何とか協力したいと思い、正受庵の什宝がないか聞くと、二、三の掛け軸が壊れた箱の中から見つかった。広げてみると正受老人の遺偈や肖像画、二代宗覚の遺偈であった。蜘蛛の巣や虫食いがひどく見るに堪えなかった。実に嘆かわしい状態であったのだ。そこで東京に持ち帰り、二、三の同志にと図って表装を改め箱を修復した。ああ、正受老人は武家を脱して、独り立ちして無難禅師に参禅しその奥義を窮め、高位・富貴を求めず、草庵を結んでいたが、四〇年後に白隠がやってきてその奥義を得て、これにより仏祖の法統がつながり今日まで伝わったのである。地元の信徒の誠意をここに記し、その由来を書いておく。

鉄舟が政治的な表の方面で長野県や臨済宗の上層部に掛け合い、泥舟が現地を調査し、什宝の保存にかかわって、正受庵を臨済禅の重要な施設として後世に残すことに尽力したと言えよう。まさに鉄舟・泥舟二人の尽力によって正受庵再興の道筋がつけられたのである。

泥舟は、正受老人の墓を参拝した時に「ありと問は　ありとこたえつ　なしとへは　なしとこたふる　松の下風」と詠んでいる。ここにも禅問答のようなことが想起されるが、これは、泥舟が正受老人と時空を超えて問答したことを書いたのであろう。「正受老人、あなたはここにいらっしゃるのですかと問うと、然りと答え、いやいらっしゃらないですよねと言えば然りという。今は松の下風が吹いているだけだが、私には確かにそう聞えた」というわけであろう。明治期の泥舟には正受のような生き方にあこがれを感じたかもしれない。いや、こうした保存活動に尽力したことから察すると大いに憧れ、生き方の手本としたとも思われる。

泥舟、正受庵に行く

そして、明治一七年五月二六日、白隠は、朝廷から「正宗国師」号をおくられた。これには鉄舟の力が大きかった。全生庵の資料にこの時の鉄舟の書簡写しが残っている。鉄舟から臨済宗十本山の各管長大禅師に宛てた書簡である。現代語訳を掲げる。

白隠禅師は間出の知識、すなわち五〇〇年に一度出るか出ないかの僧侶である。道徳は無比で、実に「臨済宗之中興祖トモ謂ヘキ」人である。よって「國師之謚號宣下」を政府に奏達されてはどうだろうか。御賛成であれば、「至急連署」をもって御願出になられるのがよろしいと思う。私としては「精々盡力」をいたしますから、よろしくお願いしたい。

白隠禅師の正宗国師号は、明治一五年、宮内省をいったん退官して、明治天皇の御用掛を務めていた山岡鉄舟が、臨済宗の諸管長をまとめ上げるというなみなみならぬ尽力してことがなったのである。さらに、明治一七年七月、正受庵は、妙心寺の直末となり、その管理系統が確定した。しかし、この史跡・旧跡を永久に保存していくためには基金が必要であることは、誰の目にも明らかだった。そこで、明治一七年一一月、鉄舟は正受庵再興の募金の序文「正受庵再興募縁序」を作成した。これも現代語訳を掲げる。

臨済宗の真風が今日盛になったのは、誰あろう、白隠国師がいればこそである。だが白隠国師ありといっても、もし正受老人がいなかったら、どのようにして真の正脈を伝えることができただろうか。嗚呼、正受の存在のなんと大きいことであることか。正受老人の恩徳は、実に讃嘆すべきことではないだろうか。ここ長野県下信濃国下水内郡飯山町正受庵は、正受老人が隠栖の霊地である。老人が亡くなって以来百余年の星霜（月日）があって、今、聖なる伝統が絶えようとしているのを継いで、その廃されようとするのを興す時にあたってこの国の宗門の諸師や有志の信徒等は、魂や心が滅んでなくなることを惜しみ、ともかく再興を図ろうと何年かの試みがあった。しかしながら該庵は従来は東京府下の東北寺の末であった。今新しく妙心寺派の直下としてすでに再興の官許を得ることができた。宗門の幸と言うべきである。だが、庵室は小築で、しかも破壊にあっている。それゆえ新たに建築を加えて、永く住持を定めた。かつ、正受老人一五〇回忌を修し、一大法会を行おうとしている。ところが如何せん、資力が乏しく、伏して大方の諸君に告げたい。各自応分の浄財を喜捨して、老人の恩徳に報いていただければ、臨済の真風は、なお一層、盛大になることと思い、お願いしたいだけなのです。これを序といたします。

近代になって白隠とその師正受老人を見出したのは鉄舟・泥舟で、その過程で白隠を再評価して、国師号を申請を仲介したのも鉄舟であった。彼らがなぜそこまでしたのか。おそらく、明治新政府が推進した神道国教化政策、それに伴う仏教排撃から、自らが信じる仏教のうちの禅の法統を守り、後世に伝えたかったからではないだろうか。

その後の正受庵

以後の飯山正受庵の動きを簡単に追っておく。明治一八年には憩山が入庵した。

こののち正受庵の消息はあまりよくわからない。下って大正一二年（一九二三）には財団法人正受庵保存会が設立され、昭和二年（一九二七）から有志による寄付金集めが始まり、翌年には本堂修理と庫裏の新築が行われた。同六年六月地元の研究者阿部芳春の『正受老人』が出版されたことは重要だった。以後の文献は同書に負うところが大きい。一連の正受老人研究の先駆けである。

アジア・太平洋戦争後、正受庵は臨済宗各派の協力により運営された。昭和二七年には宝嶽禅師口述の『正受老人を看よ』が正受庵から出版され、昭和三五年には正受庵が長野県史跡に指定された。昭和四四年、財団法人正受庵保存会が再設立され、会長は飯山市教育長が就任することとなった。昭和四六年には正受老人二五〇年大法要が行われた。昭和五二年には民間団体雪担会が結成され、少年座禅会などのイベント活動や境内清掃活動、雪下ろし、正受庵農地での作物栽培など、現在でも正受庵の維持・保存に重要な役割を果たしている。平成一六年の中越地震で被害を受けたため全面解体修理が行われた。平成二七年には副教材『正受老人物語』が出て、飯山市の全小学生が正受庵と正受老人に関して学ぶことが容易になった（令和三年には漫画『正受老人物語』としても刊行された）。平成二九年白隠二五〇回忌の展示会が飯山市美術館で、また令和二年には正受老人三〇〇回忌の展示会が同所で、また円覚寺派管長横田南嶺老大師の講演「正受老人を想う」が行われた。

4 曹洞宗名刹可睡斎の一件——廃仏毀釈の世の中を憂う

泥舟の実家山岡家は日蓮宗で、同人が養子に入った高橋家も日蓮宗である。一方、泥舟は曹洞宗とも関係が深い。ここで取り上げる曹洞宗可睡斎は、現在、袋井市久能にある大寺院である。徳川家康が三河・遠江・駿河・伊豆の曹洞宗寺院の支配所、すなわち僧録司を命じたことから発展したという。泥舟の四男偏通が養子に入った村山家の祖先金次郎が追手に迫られて切腹した寺院でもあった。

その可睡斎に関する記事が、泥舟の「公雑筆記」（明治四年）にいくつか認められる。九月一五日には夕刻より須永が、僧儘水を同道してやって来た。彼らは遠州の可睡斎の禅学校再興のため相談に来たと記されている。一〇月一二日の記事にも、九月に泥舟のところに来たことがある僧儘水が夜やってきて、小原鐵心之筆ならびに可睡斎揮毫の書をもたらしたとする。翌一三日「午後より可睡斎の名代役寺で一雲齊という者が、儘水と同行して泥舟のところにやって来た。泥舟は夜、帰宅したとする。さらにその翌日一四日、一雲斎と儘水が静岡に行き山岡鉄舟のところに行くと言うので、鉄舟への手紙を託したことが記されている。一一月一日には鉄舟が可睡斎の禅学校再興の願いはなるべく早く静岡に回るようにされたいと手紙で言って寄越したことがわかる。可睡斎の禅学校再興願いが実現したかどうかは今後の課題である。しかし、泥舟・鉄舟がともに曹洞宗の禅学校復興に協力したことがわかる。なお本林義範氏によると鉄舟は、真言宗の僧侶とも親しく、宮中の後七日御修法（宮中の真言院で玉体安穏、国利民福を祈願した極秘の仏教行事。空海の献策で始まり、東寺（教王護国寺）の長者が勤めた）の再興にも尽力している。廃仏毀釈で傷ついた仏教の再興に泥舟・鉄舟の果たした役割は大きいと言わねばなるまい。

ともかく「公雑筆記」の記事をつなぎ合わせると、こうした興味深い内容が判明する。

第七章　二舟の書と武芸

1　鉄舟の書・泥舟の書

鉄舟の師

　鉄舟の書の先生は、最初は父母であったろうが、他人では飛驒高山の岩佐一亭であろう。高山三之町の商家、呉服商荒木屋の生まれだ。弟が跡を取ったので、一亭自身は書に没頭することができた。尾張国蜂須賀村蓮華寺住職にして、弘法大師入木道五〇世の大道定慶の門に入った。一亭が五一世となり、その弟子鉄舟が五二世となる。一亭の書は仁孝天皇の天覧に供せられたこともあったので、かなり知られた能書家である。鉄舟は高山で一亭に「千字文」から学び、江戸に戻ってからも添削を受けている。なお、鉄舟は弟子には王羲之から始めるのが良いと指導したとされる。

　鉄舟は求められるままに揮毫したため、その数は当時の人口、三五〇〇万枚くらいあったのではな

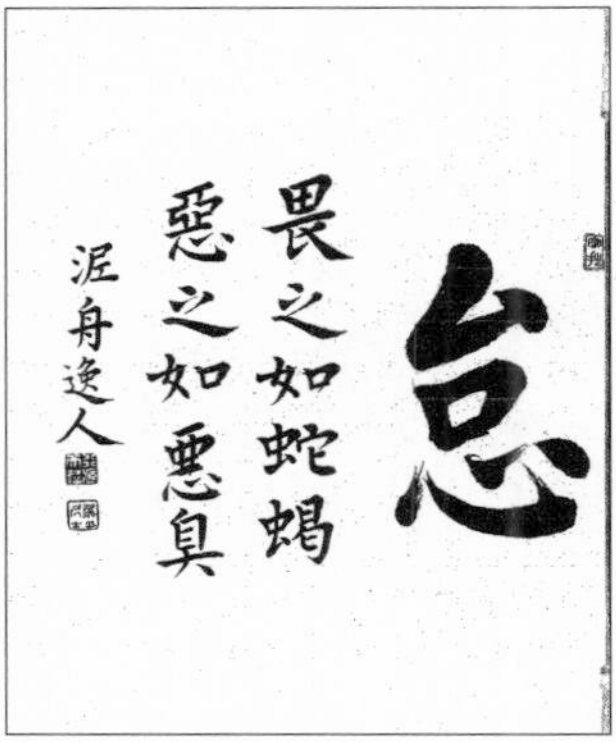

泥舟の楷書

いかといわれるほどであった。いささか大袈裟とは思うが。そうした中には、慈善事業への資金集めのため揮毫したものも多く、学校・寺院などに残っているものも多数ある。神社の幟旗へも揮毫も多く、各地に現存している。

泥舟の師

一方、楷書の能書家として知られる泥舟であるが、誰に書を習ったのか。河越關古氏によれば、狩谷棭斎と小島成斎に学んだ唐様書家河嶋文平という。棭斎は著名な考証学者、成斎は、市川米庵に師事した備後福山藩士で、老中阿部正弘のブレーンでもあった。また泥舟は成斎からも手本を与えられている。いずれにしても我流ではなくきちんとした書道の師匠から学んでいる。そのうえでの「温雅端正」な楷書、「梅の古木か龍の筋脈の如」き行書の書風が生まれたのである。泥舟の楷書と行書は同じ人間が書くものとは思えないくらいの違いがある。泥舟も求められれば揮毫した。勘定所の能吏経験者らしく、明治期には、受け取った金額と相手の名前をしっかり日記に書いている。泥舟は生活の糧が揮毫だったので、鉄舟よりシビアに記録をつけていたと思われる。

2　剣の鉄舟・槍の泥舟

鉄舟は剣を得意とし、泥舟は槍を得意とした。

それぞれ得意あり

鉄舟の剣の師匠は、真陰流久須美閑適斎、北辰一刀流井上清虎、一刀流浅利義明であり、鉄舟自身は無刀流の一派を開いた。伊藤一刀斎から小野派一刀流の流れを汲み一刀正伝無刀流と称し、瓶割刀を保持していた。この瓶割刀は弟子が受け継ぐものだったが、鉄舟は若くして亡くなったので、鉄舟妻英子《ふさこ》は、長男直記に相続させず、日光東照宮に収めた。泥舟の「瓶割刀由来」が、『山岡鉄舟先生正伝』に収録されている。

鉄舟は何を於いても撃剣を好み、休むことを知らないほどだったので「鬼鉄」をあだ名されたという。鉄舟は剣においても徹底して稽古に励んだ。

泥舟の養祖父包実は、槍の名手であった。また、養父鏈之助包承も、同じく槍の名手であった（『泥舟』）。特に包承は、槍が刃心流《にんしんりゅう》、長刀が穴沢本流、拳法・棒術が天真正法無嗅流、剣は天真正法無嗅流、克己流、真心当流を合わせて体得したという（槍の刃心流と長刀の穴沢本流は、織豊期の岡田土佐守によって兼学されたもの）。泥舟は、この養祖父・養父に武術を学んだことから、槍は刃心流ということになる。そして、泥舟はさらに江戸で槍の名手として誉れ高い実兄、静山山岡紀一郎正視にも学び、最も影響をうけたといわれる。それは第一章で書いた通りである。

なお、泥舟が江戸で評判の山岡静山仕込みの使い手だったことから、それに挑んで名を挙げようとした男がいた。宝蔵院流の使い手で、駒井半五郎門弟井戸金兵衛といった。

江戸で評判の試合

その井戸が泥舟に大勝負を挑んできたのである。舞台は泥舟が槍術教授を務める講武所で、開設間もない安政三年四月二七日だった（『藤岡屋日記』第七巻）。

開設当初の槍術教授は、神保平九郎、飯室孫兵衛、駒井半五郎、山口弁蔵、吉田勝之助、安藤惣兵衛、勝顕三郎、加藤平九郎、高橋謙三郎、長尾小兵衛であった（『続徳川実紀』第三編）。これらの教授連に挑みかかったのが、宝蔵院流の井戸金兵衛であった。

井戸は、なかなかの使い手ではあったが、試合の時、槍の穂先を長く、二尺にし、相手の手元に付け入り、足をからめて早業で投げ飛ばす妙技をあみだした。教授たちは、みなみな投げられたので、それはよろしくないと意見をした。がしかし、井戸は「戦場では力がものをいう。投げようが、何をしようが、首をとったもの勝ちだ」と取り合わなかった。投げるのが面白くなり、やめることなくますます増長した。ある日、井戸は教授吉田勝之助に勝負を申し込んだ。吉田もかねて井戸にはてこずっていたので、「自分の番ではないので、ほかの方にお譲りする」とした。ところが、井戸は納得せず、「ぜひぜひお手合わせ願いたい」と食い下がり双方声高になるに及んで、総裁久貝因幡守まで出てきて取り鎮める騒ぎとなった。その場は何とかおさまったが、その後、井戸を教授方世話心得に申し付けたから、かえって増長し、ますます投げ技を使って皆がもてあますようになっていた。

そこに二七日泥舟が出勤してきた。井戸は投げるつもりで試合を申し込む。泥舟の兄、故静山が刄心流の江戸一の使い手だったことはかねて承知の上だ。そこで、泥舟を投げ飛ばせば、いよいよ講武所の大天狗になれるとふんだ。いよいよ試合になった。泥舟は、井戸の足がらみ投げを知っていたので、自分から足がらみをかけ、逆に井戸を投げ飛ばしてしまったのである。これには井戸も降参し、「今日ばかりは稽古になりました。ありがたき幸せ」と言って引き込み、これ以降は投げをしなくなったという。

最後に『藤岡屋日記』では「習ふよりなげろ」と題して「井戸内の蛙でひょひとなげたとて 広い山岡其名は高はし」との狂歌を収録している。井の中の蛙である井戸をひょいと投げたという評判だ。ひょいと投げて拾い上げたのは、心の広い、元山岡こと、高橋で、その名を高めたものよ、とでも訳しておこう。泥舟の槍は江戸中で評判となったのである。わずか二二歳の時である。これ以降、なぜ泥舟が力を持ってくるのか。やはり、槍の力が大きかったと考えられる。若い連中からも、そして吉田などの壮年からも、また総裁からも信頼がよせられたのだろう。多くの人々に高橋はたいしたものだと評価されたのがこの試合だった。

出世した泥舟の相手

ちなみに井戸金兵衛は、『寛政譜以降旗本百科事典』第一巻や『江戸幕臣人名事典』第一巻では、「井戸金平」と表記されている。すなわち井戸は、この試合の約半年前の文久二年に、三二歳で一八〇〇石の家督相続をして小普請入になったばかり。父親は小納戸、小十人頭を務めたこともあるが安政二年（一八五五）には小普請入しており、また祖父は従五位下美濃守、槍奉行にまでなっていた。そうした焦りも井戸にはあったのであろう。この試合ののち、泥舟が差控になって、さらに差控が免じられた直後の文久三年一〇月、井戸は講武所槍術教授方出役になっている。この任命には、泥舟がかかわっていたようにも思うが、今は明確にはしえない。

その後、井戸は、小性組、両番格奥詰、小納戸、布衣、寄合、使番にまでなっている。ここからすると、井戸にとっても、泥舟との試合は出世の糸口になったものと思われる。試合以降の泥舟と井戸とのかかわりは、明らかにする史料がいまのところないが、泥舟は、試合後も井戸のことを気にかけていたのではないかと思う。

いずれにしても、井戸のように実践的、実力主義を標榜する荒々しい連中にも物おじせず、二二歳の泥舟は鍛錬の槍で勝利し、高橋の名を高らしめた。もうお気づきだと思うが、実は、この話は先に引用した泥舟直筆「思い出の記」の最後の方にあった講武所の教授への実戦に役立たないという批判と静山の泥舟評、実戦に強いという記述とまさにリンクする話だ。「教授たちは、みな指南家ではあるが、自分の道場で修業して他流試合をしたこともない人たちなので、本当の技に習熟した人はいない。自分は若年とはいえ兄上と共に天下の達人とたびたび試合もしていたので、同輩に少しも劣らなかった」むしろ勝っていた（「思い出の記」『泥舟』）とはっきりと言っているのは、この宝蔵院流井戸との試合が下敷きになっていよう。だからこそ、井戸の登用にも泥舟がかかわっていそうな気がするのである。

第八章　鉄舟・泥舟の家族と弟子・知人たち

1　鉄舟・泥舟の家族

石坂周造

石坂周造は、天保三年（一八三二）、近江国生まれ、清河八郎・山岡鉄舟と刎頸《ふんけい》の交わりをし、浪士組に参加した。清河が暗殺された時は、その首と同志連名帳を幕吏に押収される前に確保した。明治期には石油産業の振興に従事した。「石油」の命名者でもある。石坂は泥舟の妹桂《けい》の婿で泥舟とは義兄弟にあたる。

明治四年の泥舟「公雑筆記」六月二九日の条に、石坂の倅の養子縁組の件で内々の話があったと書き留めている。七月二八日には、京都から来た浪士福永正蔵に鉄舟や石坂に伝言を頼んだことが知られる。一一月二日には「石坂平□来ル」とあって石坂の関係者の訪問を受け、翌日三日には今朝石坂付属の者が来て、面会した。石坂からの伝言の趣を承り置いた。それによると泥舟妹「おけい」より紋の付いた短刀を送ってほしいと申し来た。そこでなお伝言を頼んで置いたとする。なぜお桂が家紋の付いた短刀を送ってほしいと言ってきたのかは不明である。家紋付の短刀といえばなかなか大事なものであるから、よほどの理由であろう。石坂周造は、「勝は徳川の柱石だが、山岡は国家の柱石だ」と評していた。心底鉄舟を尊敬していたらしい。しかし、明治期は借金がかさみ、鉄舟の世話になることが多かった。鉄舟の死後、鉄舟の借金を徳川宗家と海舟が始末をつけてくれたが、その多くは石坂がつくったものだといわれている。

泥舟四男の家、村山家

泥舟の四男偏通《ゆきみち》（貫一）が養子に入った村山家に関しては「幕末三舟の一人、高橋泥舟研究覚書（四）泥舟四男村山偏通家の文書と村山家の由緒について」で詳しく述べたところである。徳川家康の時代には旗本だったが、前述の可睡斎（静岡県袋井市）で切腹した。その子が佐賀鍋島家や福岡黒田家に仕官し大身に出世した。三代目が島原の乱ののち浪人となって、さらにいつのころからか再び旗本となり村山栄蔵の時、幕末を迎え、静岡藩田中勤番組となって泥舟の支配下にあった。泥舟の槍術の弟子でもあった栄蔵だが、嗣子なくして、明治三年に死んだので偏通が入って遺跡を相続した。その関係もあり村山家は、田中城本丸の御亭《おちん》を払い下げられた（前述）。その代金は泥舟の「公雑筆記」では一二月二二日条に「櫓拂代者弐百三十両也、其内金八十両納済相成」と書かれているので、二三〇両という大金で泥舟が購入し、そのうち八〇両は確かに支払ったということになる。御亭は現在、田中城下屋敷公園内に移築保存されている。

「村山」は「公雑筆記」に、いくつか登場する。四月二八日条「邨山自普請建前いたす」とあるのは御亭の自普請かもしれない。八月四日は「夕刻村山へ相越、栄蔵一周忌也」とあって栄蔵の一周忌を執り行った。同七日にも「村山之子貫一悦（祝カ）義有之ニ付、相越、肴代金五百疋差遣」とあり、村山貫一偏通に祝儀があり、肴代として五〇〇疋を差し遣わしたとある。泥舟は一〇月一七日にも村山邸に赴いている。泥舟が明治五年に東京に赴いたのちも村山家の家政に関して意を配っているので、泥舟にとって偏通と村山家はとても大切だったのである。

鉄舟弟、小野飛馬吉

山岡家や鉄舟の記事に関しては、泥舟の「公雑筆記」にはかなり出てくる。最初は一月二五日の「夕刻静岡より飛馬吉来ル、鉄太郎より□島之画差越」である。夕刻に静岡より鉄舟の使いで小野飛馬吉（鉄舟実弟）が来た。鉄舟より「□島之画」を飛馬吉に託してよこしたとのことである。二月八日には、「夜ニ入山岡来ル、一泊、前田来ル」とあり、この日の夜、鉄舟本人が来た。翌日、鉄舟は松岡萬と金谷に行くことになっていた（「午前松岡萬来ル、午時より山岡同道、金谷へ罷越候由ニ而罷帰ル」）。さらにこの日鉄舟から「土産」として「白紙百枚」が届いたとある。二月一九日にも鉄舟が来て、さらに前述したように今井信郎や信太歌之助も来て何やら話し合ったらしく、深酒だったのか翌二〇日もそのまま泥舟宅にいたので、出勤日にもかかわらず出勤しなかったとする（「出局可致之處、山岡義罷越居候ニ付、出局不致、歌之助来ル、八ツ半時頃より罷帰ル」）。歌之助はこの日も来ている。五月三日は「藤沢包太郎静岡へ罷帰り候ニ付、山岡へ同人之義、溝口へ相話し呉候様、猶亦相頼遣ス」とあって、藤沢を溝口に紹介する件を鉄舟に依頼している。

泥舟妹、お桂や泥舟子どものことども

六月一四日の条に「山岡より文通来ル、お桂義先月晦日出産、女子出生之由申来ル」とあって、鉄舟からの文通で、石坂の妻になっている、泥舟と鉄舟妻英の妹、お桂が先月晦日に出産したこと、女子であったことを知った。翌日にはその返事を鉄舟に書いたが、「三木知行所之義ニ付、山岡へ小島春樹へ相頼呉候様書状差遣」として三木知行所の件を小島春樹へ依頼するように鉄舟に書状を出していて仕事熱心でもある。

六月一九日には、「山岡より文通来ル、小児不快尋問也、猶直ニ返書差遣」とあって、泥舟の子ども（娘、一月一一日誕生）が病気になっていたことから、鉄舟から病状を尋ねる手紙が来たのですぐに返事を出している。具合が悪くなったことが書いてあるのは、前日の一八日で「小児不快不宜、宗端呼寄候處、拙者義同人宅へ罷越居、同道罷帰ル」とある。これは、子どもの具合が悪くなり医師宗端を呼びに泥舟宅から使者を行かせたところ、泥舟本人は同人の家にいたので、同道して帰宅したということだろう。おそらく一度診察を受け、薬を調合するためか、容体の相談のためか、泥舟が医師宗瑞の家に行っていたところ、また悪くなったと家から使いが来たので医師とともに帰宅したのであろう。ここからするとかなり重篤だったのではあるまいか。また、一八日の条には「新兵衛より五十借用」とあって、新兵衛から五〇を借用したとしている。治療費に充てるための五〇両（五〇円）ではないだろうか。五〇両とすればかなりの高額である（「五十」を五〇文とするとまったく少額である）。

さらにまた子どもは二〇日「小児不快不宜」、二一日「小児不快危篤ニ付頼合、出勤不致」、二二日は目が離せなかったか「頼合、出局不致」とあり、二五日には「山内勝郎より小児不快尋問として菓

子差越」と山内から見舞いも届いた。七月二日には、かなりの重篤で「午後より小児不快危篤ニ而、寸暇なく脛攣《ママ》いたし候事」と痙攣が続いていた。そのため翌日は出勤しなかった（「小児不快危篤ニ付頼合、不罷出」）。翌四日は「今朝より小児義追々落付、快方ニ趣く」とあるが、一三日には「小児不快危篤ニ付、川島来ル」となり、一五日には「小児不快、午後より少し落付、大ニ見直し候様子ニ成ル」とあるも、二一日には「出局、昨夜より小児義又々不出来、早朝川島呼寄候事」とあって、なかなか一進一退だったようである。

結局、九月三〇日「本日出局可致之處、風邪不宜、小児危篤ニ付、頼合不罷出、然ル處午後八ツ時過ニ到り小児俄ニ容体不宜、終ニ八ツ半時遠行、尤内々之義ニ付、不快之積を以五門へ頼合申談置」とあって、この日、風邪で出局しないでいたところ、子どもが危篤になり午後三時ごろ子どもがにわかに容体が悪くなり、ついに亡くなった。内々のことなので、自分の不快ということで五門へ勤務に関して頼んだとする。その日は「山岡・山内へ一通為知手紙差出、其外門人と共へも《ママ》為相知候事」として、鉄舟・山内、門人たちに喪中を知らせた。翌一〇月一日、門人たちが見舞いに訪れ、翌二日夜、藤枝の大慶寺（日蓮宗、円妙山、田中城の祈願所）で葬儀を行い、観実院の法号を付け、六日には初七日を済ませ、九日には大慶寺に今年の回向料一両を書状とともに送っている。一一月四日には観実院の三五日で「今日観実院三十五日逮夜ニ付、配り物いたす、餅米有合候ニ付、餅為舂候而、壱軒十七ツヽ配當いたす〇　壱升ニ付十八取」とあって、きちんと供養している。なお、観実院の葬儀を執り行った大慶寺住職は、一一月七日甲州引越しのため泥舟にあいさつに来た（「大慶寺住居、此度甲州へ引移り候付、為暇乞相越」)。

鉄舟との関係では、七月三〇日「山岡より文通来り、おこり之薬貰ひ度段申越、直ニ相渡遣ス」とあり、おこりの薬を依頼されすぐに送っている。八月二〇日の夜、

鉄舟妻の出産

鉄舟妻、泥舟妹英子《ふさこ》が男子を出生した(「おふさ義夜四ツ半時出産、男子出生いたす」)。翌二八日「山岡へ出産祝義与してきんちゃく相贈」として出産祝いに巾着を送っている。巾着の中には何を入れたのだろうか。

泥舟は九月三日田中に帰り、五日には鉄舟に手紙を送っている(「山岡へ文通差出、深山宇平太・服部紅蔵へ文通差出、石山道雄より申聞候養子願、延引いたし候段山岡へ申遣置」)。翌六日には「山岡へ大墨一挺相送ル」として鉄舟に大墨を贈っている。一二日にも手紙を郵送している。一〇月の二六日には山岡邸が火に包まれたようで、「静岡山岡方へ一封差出、出火見舞等也」として出火見舞いを送っている。その後、二八日「山岡へ御役宅之儀ニ付、文通いたす」、翌一一月一日「山岡より書状差越候處、可睡斎之願筋可成早々静岡へ相廻り候様可相通与之事也」、一一月一四日「夜ニ入又市来ル、時計ニツ修覆相頼、山岡へ内文通同人へ相托す」など頻繁に連絡を取り合っている。

2　弟子――静岡藩水利路程掛、松岡萬

公務の記録の中で、鉄舟・泥舟共通の弟子松岡萬がいささか登場する。松岡萬は、当時は静岡藩の水利路程掛を務めていた。その名前の呼び方は、「つもる」（『日本人名大事典』一九三八年）か「よろず」（『静岡大百科事典』一九七八年『明治維新人名辞典』一九八一年『幕末維新人名事典』一九九四年）か、はたまた「ゆずる」（『生祠と崇められた松岡萬』一九九七年）か、「むつみ」（『静岡県歴史人物事典』一九九一年）か、にわかには決め難い。

松岡萬とは誰か

萬の経歴を記しておく。萬は、天保九年（一八三八）江戸の小石川小日向に鷹匠組頭松岡古敦の子として生まれた。松岡氏は紀州出身であった。学問を中村敬宇に学び、武芸は講武所で精進した。勤王派の幕臣で、清河八郎、山岡鉄舟、高橋泥舟と親交があった。とくに泥舟の弟子でもあり、泥舟とは親しかった。静岡藩では、小島添奉行、水利路程掛、製塩方、開墾方など務め、さらに静岡県に出仕した。その後、警視庁に転出、大警部まで務めた。明治二四年（一八九一）に没した。享年五四歳。墓所は、東京市ヶ谷の長泰寺（曹洞宗）に松岡家の墓があり、また谷中の全生庵（臨済宗）には萬個人の墓もある。

松岡萬の史料

松岡萬に関する研究としては、川本武史『生祠と崇められた松岡萬』一九九七年（自費出版）がある。なお、史料は、藤枝市岡部町岡部廻沢町内会所有の松岡神社文

書が約一五〇件、島田市の池主神社文書が六六七点、確認されている。ともに松岡家から寄進されたものと聞く。ちなみに両神社は、地域の人々が萬の世話になったことを記念して、萬が生きているうちに神として祀ったものである。

松岡は、「公雑筆記」の二月九日の条から登場する。そこには「午前松岡萬来ル、午時より山岡同道、金谷ヘ罷越候由ニ而罷帰ル」とあって、午前中に松岡が泥舟の所に来て、午後から鉄舟に同道して金谷に行くので帰ったとある。鉄舟は前日から泥舟の所に泊まっていたのであった。三月一日には「午後松岡萬来ル、堀川筋御普請之砌、勤番組借受候地面入用ニ付云々申出、右者元々示談を以借受候ニ付、其段申遣し、支配向へ直ニ懸合い候様申聞置」とあって、堀川筋の御普請に関して、勤番組が借り受けている地面が必要になったので収公したいと申し出た。これは元々、示談を以て借り受けていたものなので、このことを申し遣し、また支配向へ直に懸け合うように言っておいたと解釈できる。堀川筋が田中城周辺のどのところを指すかは定かではないが、松岡は水利路程掛の仕事のために泥舟に協力を求めていたことが理解できよう。六月五日は「白岩銀太郎、松岡萬附属出役被　命候段相達」とあって、白岩銀太郎が松岡萬の附属出役に命じられたことを達したという。

3　鉄舟・泥舟の関係者

農民出身の慶喜側近、白井音二郎

白井音二郎は、天保元年（一八三〇）生まれ、武州足立郡深作村出身で、祖父は郷士、父は旗本の家臣であった。白井自身は文久二年（一八六二）の浪士組に参加し、のち神奈川奉行支配定番や外国奉行支配別手組となり、慶応四年（一八六八）には新政府との折衝で小田原や駿府に出張した。その後、御小姓頭取支配御小人格奥六尺、御小姓頭取手附出役、中奥書記、明治二年（一八六九）二等家従、二等家丁など務めた。泥舟が慶喜の命で駿府の西郷隆盛に派遣した鉄舟を陰で支援をした人物とされている。

明治四年のころは、白井は静岡で慶喜付の家従・家丁を務め、「公雑筆記」に登場する。まず二月一六日の条に「白井音次郎義ニ付、五門迠急キ書状差出」とあって、白井の件に関して泥舟が前田五門に急いで書状をだしたことが記され、四月八日には「白井音次郎より差越、尤紺屋町家僕之者持参いたす」として、慶喜屋敷の家僕が持参して白井から書状が届いたとあり、同月一〇日も「白井音次郎より書状相届、遠州開墾之義申越候也」とあって遠江の開発を言ってよこしたという。これらは勤番組の窮状を見た慶喜が白井をして勤番組による遠江開墾開発（茶の栽培等）を行わせようとしたと思われる。慶喜と泥舟との信頼関係が続いていたことがうかがえる。そのあと一二月一三日には「白井音次郎より文通来ル、時候見舞也」とあって、時候のあいさつではあるが、慶喜のことも書いてあ

今井信郎

ったのではないかと思う。

白井はその後旧幕臣らが創業した相良石油に勤めたので、慶喜の側近として慶喜の思いを体現したのではないかと思う。石油事業には石坂も関与していたのでどこかで交差するかもしれない。

龍馬暗殺実行犯、今井信郎

慶応三年（一八六七）一一月一五日夜、京都近江屋で坂本龍馬と中岡慎太郎が暗殺された。犯人は幕府京都見廻組佐々木只三郎を首魁とするグループで、その中に見張り役として加わっていたのが今井信郎である。明治二年（一八六九）箱館戦争で新政府に拘束され、今井本人が自供したことから、現在そうなっている。今井は箱館降伏人として静岡藩が預かっていた。二月一〇日には「夕刻今井信郎外壱人酔倒ニ而来ル、高月・天野来ル」とあり、翌日「今井信郎昨日酔倒ニ而罷越候段、為詫来ル」と記される。一〇日、今井がもうひとり連れてかなり酔っぱらって泥舟の所に来たようだ。高月、天野は心配してやって来たのだろう。翌日今井が昨日の無礼を詫びに来たとある。今井がなぜ酔って泥舟の所まで来て何を話したのか、いっしょに来たのは誰かなど興味は尽きないが、それ以上はわからない。二月一九日には夕方、山岡鉄舟が静岡から来て、夜に今井と信太歌之助が来たことも知られる（「休日、夕刻山岡来ル、夜ニ入信太歌之助・今井信郎来ル」）。泥舟・鉄舟と今井と信太、いったい何が話題になったのか。龍馬暗殺の真相か、これまた興味が尽きない。

今井は大正七年（一九一八）まで静岡県島田の初倉村で暮らし、没した。今井の墓は島田の種月院にある。なお、牧之原市の大澤寺のブログに今井の件で司法省から静岡藩に渡された通知の写真版と釈文が掲載されている。その釈文を写真版と照合して、正確に読むと以下のようになろう。

静岡藩元京都見廻組
今井信郎

庚午（明治三年、一八七〇年）九月廿日申渡
禁錮三年

右之者義本文禁錮年限相満候上者、平常之通相心得候様、於其縣申渡、其段可被届出候、此段兼而相違候也

壬申（明治五年、一八七二年）五月廿四日　司法省

静岡縣

写真版の下には「今井志津（信郎次女）伝」とあるので、娘志津に伝わったものであろう。ただし原本ではなく写本のようである。新政府としては明治三年に禁固三年に処せられた今井が明治六年に年限が満つと考えていたと思われるが、それよりも二年も以前に今井が静岡藩内では自由の身になっていたことは驚くべきことである。今井は二月一九日にも泥舟を尋ねているのは、前述の通りである。なお、今井の墓は、東京都文京区白山の寂圓寺にもある。東洋大学西門から道路をわたってとても近いところにある。

終章　二舟の終焉

1　鉄舟と泥舟の死・戒名・墓

胃癌で亡くなった鉄舟

鉄舟の最後のようすは、『山岡鉄舟先生正伝』に詳しい。鉄舟は明治一九年ごろから胃病が重くなり、二〇年には主治医千葉立造が胃癌と診断した。二一年二月には流動食しか食べることが出来なくなってしまったという。死期を悟った鉄舟は、二月一一日の紀元節に最後の参内を果たし、明治天皇に別れを告げたという。その後、天皇は何度も勅使や侍医を派遣したという。鉄舟が感激したことは言うまでもない。しかし、鉄舟は気持ち的には普段と変わらない生活を心がけたといわれている。「御医者さん、胃癌胃癌と申せども　いかん中にも、よいこともあり」と戯言を書いたり、もちろん依頼された揮毫もしていた。また来客も断らず、いつも通り玄関まで見送りまでしていたという。写経もいつも通りに行い、いらだったり、癇癪を起こすこともなかったともいわれている。苦痛だったと思うが、それも修行と考えたのかもしれない。妻英子《ふさこ》が「後のことでお話し置きのことがございますか」と聞いたが、鉄舟は「ない」と答えたという。せめて教訓をと言われて、「金を蓄え遺しても子孫は必ずしも守らない　書を書いて遺しても子孫は必ずしも読まないだろう　めいめいの中に陰徳を積むしかない　それを以て子孫には長久の計となしたい　これが先賢の格言であり、後の人の亀鑑なのだ」と書いた。せっかく書いたその書も今はなくなってしまったという。長男直記はまさに「金を蓄え遺しても子孫は必ずしも守らない　書を書いて遺しても子孫は必ずしも読まないだろう」という人で、借金をこしらえ、子爵を返上するに至った。鉄舟はわかっていたのだろう。

最後の稽古・最後の高座

七月八日、最後の剣術の稽古を門人全員につけた。一七日の夜、急変したようで、一八日には多くの見舞客で狭い家がごったがえした。海舟がやってきて話し相手になった。また徳川宗家当主家達も見舞いに訪れた。鉄舟は自分が護った徳川家の当主が立派に成人したことに安堵したのではなかろうか。家達は別れの水盃を交わして帰っていった。その後、明治天皇の勅命で侍医頭池田謙斎がやってきて、人払いをして密談数刻に及んだという。天皇の感謝の言葉を池田が代わって述べたのであろう。また何か、鉄舟に尋ねたのかもしれないが、その内容は伝わってはいない。鉄舟は三遊亭円朝に落語の一席を所望した。円朝はさすがに断りたかったが、鉄舟のたっての願いに涙をこらえて務めたという。一九日明け方「腹張りて　苦しき中に　明烏」と辞世の一句を詠んだ。「苦しき中に」をどのように解釈するか、当時から議論があったようである。ここでは

「腹が張って苦しいが、もはやそれも今日限り、空けて、夜明けの烏がなくように清々した気持ちであちらの世界に行くことができることよ」と解釈しておきたい。その後、鉄舟は風呂で体を清め白衣に着替え、皇居方面に向かって、仏法の座り方、坐禅を組んだ。そこに宮内大臣土方久元が現れ、勲二等の勲記と勲章を持参した。鉄舟は静かに受け取り、その後、午前九時十五分、大往生を遂げた。享年五三。

二二日、葬儀の行列は皇居前で一〇分間止まり、その間、明治天皇は皇居から見送ったといわれている。会葬者は五〇〇〇人といわれている。鉄舟が上は天皇から下はホームレスの人々までいかに慕われたかがわかるというものだ。墓地は、自らが開基となった谷中全生庵。戒名は「全生庵殿鉄舟高歩大居士」。

結核で亡くなった泥舟

泥舟が、その生涯を終えたのは、慶喜叙爵の翌年、明治三六年二月一三日午後六時のことであった。死因は、病死、享年六九歳であった。医師河越關古氏によれば、肺結核と腸結核であったという。旧主慶喜の完全な名誉回復を目にして憂いもなく逝ったと思いたい。墓地は谷中大雄寺にある。戒名は「執中庵殿精一貫道大居士」。その生涯にふさわしい戒名である。

二月一六日には、葬儀が行われたが、正体不明な著述家安倍正人が弔辞を読んでいる。現代語訳しておく。

泥舟先生を弔う

世相はどうなるかわからないし、虚飾は落ちやすいもの。誰がその際限を明らかにできようか。なかんづく、人生で遁れがたいものは、ただその死である。賢愚貴賤を問わず突然目を閉じることになれば、それから長い年月空虚に化し、身も心も寂滅していく。しかしながら賢人はそうでもない。その身は滅びても、その偉霊は一〇〇年たつとこの世に表われる。ああ、なんとも量ることができないのが人生だ。泥舟先生の死に遭遇して、忠愛の志を育み、旧主を補佐して恭順の実を申し上げ、正実・温厚・謹直・清爽の心で雄談・活論することはあたかも釈迦の弟子維摩のようだった。槍術は精妙にして多くの道理を編み出して悟りを開くまで至った。筆をとれば雲がたなびき、龍が飛ぶ如し、禅を学んでは、その鋭い攻撃は他にぬきん出ている。かつて先生自ら、槍も書も、禅法の妙所もみなその心はひとつであると言っていた。ああ、一高士、今不幸にして病魔に命を奪われ、微笑をたたえて黄泉の国に旅立たれた。その死を聞くもの、みな思いきれず残念に思うことだろう。先生の胸中を知る者はだれか。不肖安倍正人、先生に代わって偈を作って先生の霊をお慰めしようと思う。

鬼や仏はわからない。私たちは虚空の中に。苦楽を見ることもなく。胸の中はがらんどうだ。

在天の泥舟先生、どうかこれをお受けください。

本書が刊行される二〇二三年は、泥舟没後一二〇年である。一〇〇年たつとその偉霊が現れると安倍は言った。果たして、泥舟先生の思いを十分に語りつくせたか、心もとない。

2　幕末二舟とは何だったのか

江戸時代、一番有名だったのは泥舟

まずは、高橋泥舟から述べておきたい。泥舟は、幕臣（旗本）にして、尊攘派の頭目である。幕末三舟のなかで、実は最も早く従五位下伊勢守に任官し、「江戸無血開城」に果たした役割は、義弟の山岡鉄舟についで大きいが、今日でも正当に評価されていないと思われる。明治四年（一八七一）以降には官途と栄達を一切求めなかったために世の中から忘れ去られた。このため、「江戸無血開城」は勝海舟の独り舞台となったと思われる。

「江戸無血開城」では、義弟鉄舟が、勝海舟から派遣されたとか、鉄舟は勝海舟の手下とするものが多いが、すべて誤りである。江戸開城の前日、すなわち水戸出発前夜に徳川慶喜は、主立った幕臣を集め、「一番鎗」は鉄舟であると感謝して「来国俊」の短刀を鉄舟に与えている。慶喜自身が鉄舟を派遣し、鉄舟は駿府で西郷隆盛と交渉し、八割がた決めてきた。それによって江戸城総攻撃は中止されたのである。なおかつ、鉄舟を慶喜に推薦したのは泥舟である。海舟は幕府側代表者として、残りの二割を交渉し、最終的に追認したのだ。

かくのごとく、鉄舟・泥舟・海舟の力で「江戸無血開城」はなった。その前段階で最も重要なのは駿府会談を実現し交渉して、西郷が提示した四か条を認め一か条は保留にしたのが、鉄舟の働きであった。その交渉は鉄舟が修行し西郷が関心を持っていた「禅問答」そのものであった。人間的に禅で

修養していた二人だったからこそ「江戸無血開城」はなったのである。政治的な決断の場面においては禅の修養が役に立つという最高の事例である。

そして慶喜が水戸に去った後も、なお上野山に割拠した彰義隊（旧幕臣等）の暴発を抑えようと三舟は尽力したが、その甲斐なく上野戦争が勃発してしまった。鉄舟は戦闘的な天台僧義観を説得しようと試みたが、新政府に疑念を持っていた義観は考えを変えず戦争が勃発した。多くの彰義隊士が犠牲となり、上野寛永寺やその周辺の町屋も焼失した。彰義隊士が持ち出して守っていたが、戦争で打ち捨てられていた江戸城紅葉山東照宮の神像を鉄舟・泥舟の弟子たちが非常な努力をして回収するなどしたのが精いっぱいであった。まさに鉄舟・泥舟にとっては、慙愧に堪えない状態だった。

また、鉄舟は彰義隊に参加しようとした福山藩士を説得し、かつ、上野戦争後は、彰義隊と結びつこうとした藩士を処罰しようとした福山藩当局と朝廷との仲介も申し出ている（本林義範論文）。かくして鉄舟は慶喜と徳川家や譜代大名のために文字通り粉骨砕身した。

明治期、出世した鉄舟

廃藩置県の後、明治五年、鉄舟は西郷隆盛・岩倉具視・三条実美らの推薦で明治天皇の侍従となり、最終的には宮内少輔で退官、さらに子爵となった。かたや泥舟は無位無官で通した。一方、海舟は、参議・海軍卿・元老院議官・伯爵・枢密顧問官となり、今日では、晩年の居所、洗足池のほとりに大田区立の勝海舟記念館がたっている。海舟の銅像は東京都墨田区と静岡県島田市に立っている。鉄舟・泥舟には記念館はない。鉄舟の銅像は、静岡市清水区の鉄舟寺にある。泥舟の銅像はどこにもない。

三舟のうち鉄舟が最初に死んでいる。前述したようにその最期は、坐禅を組んだまま亡くなった。いよいよ病が重くなったころは明治天皇が心配して勅使が山岡邸を訪れたという。また徳川家達自身も見舞いにやってきた。さらに亡くなる前日、明治二一年（一八八八）七月一八日には鉄舟は三遊亭円朝に臨終の落語を所望した。円朝は涙をこらえて一席演じた。鉄舟の遺偈は「腹張りて　苦しき中に　明烏」。静かに「瞑目大往生」を遂げたという。戒名は「全生庵殿鉄舟高歩大居士」。「全生」は生をすべて生き抜いたというべきか。「鉄舟」は号で、「高歩」は諱である。裏も表もなく、名前の通り生きたということになろう。剣・禅・書に通じ、誰もが一目置いた人物だった。鉄舟が目指したかったのは、多くの人に「白隠さん」と親しまれた白隠のような生き方だったかもしれない。

大田区立勝海舟記念館

泥舟の最期は、明治三六年（一九〇三）二月一三日であった。一一日には徳川慶喜、徳川家達が見舞いに訪れている。徳川家の存続に泥舟が果たした役割がいかに大きかったを物語る。戒名は「執中庵殿精一貫道大居士」、幕末は槍一筋、明治は筆一筋に、主君は徳川家のみと貫き通した生涯であった。その背景にも禅の心があり、清貧に甘んじた正受老人へのあこがれがあった。泥舟も明治期は栄達も富貴をも求めず、市井の隠士で貫き通した。だからこそ、正受庵の再興に尽力したのだと考えられる。

いずれにしても、鉄舟・泥舟の正受庵復興が白隠の国師号諡号につながり、明治時代の臨済禅の興隆、ひいては廃仏毀釈で傷ついた仏教界の復活・復興につながったと大上段に構えて本書を閉じたく思う。蛇足かもしれないが最後に一言。鉄舟・泥舟なくして「江戸無血開城」も徳川家も正受庵もなし。仏教の世界では、正受庵の重要性に二舟が気づかなければ今の正受庵はなかったかもしれない。ひいてはそれが白隠の国師号の申請にもつながり、今日の臨済禅の興隆にもつながったといえるのではないだろうか。

三舟の評価

さらに一言。海舟は、明治以降、海軍卿や枢密顧問官、伯爵として、旧幕府側の代表格として遇され、自らもそのようにふるまった。鉄舟は、幕末、大目付や精鋭隊頭として慶喜を護衛し、明治天皇の侍従となり、その後、宮内少輔まで昇進、華族としては子爵となった。泥舟も、慶喜護衛の遊撃隊頭や、静岡藩の田中奉行、田中勤番組之頭として配下の勤番士の生活に心を砕き、廃藩置県後は、東京に戻り、無位無官、揮毫だけで生きていく生活を送り、市井の一府民として生きた。しかし、慶喜が公爵に叙された祝いの席で歌を披露するのを許されたのは泥舟だけであった。「江戸無血開城」の功労者は、「幕末」の二舟か三舟か、と問われれば、筆者は、泥舟・鉄舟の二舟だが、三舟ならば当然にして海舟もそこに加えたいと答える。はたして、読者の幕末三舟の三幅対の本尊は誰で、左右の両脇侍は誰と誰であろうか。

主要参考文献

＊主なものを刊行年順に掲出。さらに詳しくは掲載の各論文・書籍の註・参考文献等を参照されたい。

史料集

岩下哲典・高橋泥舟史料研究会編・刊『高橋泥舟関係史料集』第一輯（日記類一）二〇一五年
岩下哲典・高橋泥舟史料研究会編・刊『高橋泥舟関係史料集』第二輯（日記類二）二〇一五年
岩下哲典「史料紹介　村山家文書の高橋泥舟関係書簡について（上・下）」『東洋大学文学部研究紀要』第七一・七二集（史学科第四三・四四号）二〇一七・二〇一八年
同「静岡県藤枝市岡部町松岡神社史料について（一）～（四）」『東洋大学文学部研究紀要』第七三～七六集（史学科第四六～四九号）二〇一九～二〇二二年（継続中）

論文等

岩下哲典・藤田英昭・徳江靖子「幕末三舟の一人、高橋泥舟研究覚書（一）――研究史・旧幕臣の静岡移住・東京引越荷物」『Journal of Hospitality and Tourism』Vol. 7 No. 1、明海大学ホスピタリティ・ツーリズム学部、二〇一一年
岩下哲典・藤田英昭・徳江靖子・大場勇人・大場雅子「幕末三舟の一人、高橋泥舟研究覚書（二）――明治27年秋、飛騨高山への旅と日清戦争」『Journal of Hospitality and Tourism』Vol. 8 No. 1、明海大学ホスピタリティ・ツーリズム学部、二〇一二年

同「幕末三舟の一人、高橋泥舟研究覚書（三）――明治初期静岡藩田中勤番組（旧幕臣）の名簿「支配勤番組姓名」とその内職に関する史料について」『Journal of Hospitality and Tourism』Vol. 9 No. 1、明海大学ホスピタリティ・ツーリズム学部、二〇一三年
同「幕末三舟の一人、高橋泥舟研究覚書（四）――泥舟四男村山徧通の文書と村山家の由緒について」『Journal of Hospitality and Tourism』Vol. 10 No. 1、明海大学ホスピタリティ・ツーリズム学部、二〇一四年
岩下哲典・藤田英昭・徳江靖子・服部英昭・イアン＝アーシー・本林義範・大場勇人・大場雅子「幕末三舟の一人、高橋泥舟研究覚書（五）――高橋泥舟の『公雑筆記』（明治四年正月～十二月）の記事について」『Journal of Hospitality and Tourism』Vol. 11 No. 1、明海大学ホスピタリティ・ツーリズム学部、二〇一五年
本林義範「全生庵所蔵の山岡鉄舟関係史料について」『特別展幕臣尊攘派』日野市立新選組のふるさと歴史館叢書第一四輯、二〇一六年
長瀬哲「正受庵の歴史　庵を再興した人びと」『禅文化』第二五五号、二〇二〇年
岩下哲典「公開講演　再検討『江戸無血開城』　特に『静岡会談』はどのように語られてきたか、その『功労者』は、今後どのように語られるべきか」『白山史学』第五六号、二〇二〇年
岩下哲典「ベルツの重篤患者診察と石黒忠悳の遠隔地医療指導――高橋泥舟書簡および高橋九郎宛石黒忠悳書簡にみる明治・大正期医療の一端」片桐一男編『洋学史研究別冊　対外関係と医学・医療』洋学史研究会、二〇二〇年
本林義範「上野戦争における福山藩士の彰義隊不参加と山岡鉄舟」『白山史学』第五七号、二〇二一年
同「史料紹介　全生庵所蔵の山岡鉄舟に関する四通の履歴書について」『白山史学』第五八号、二〇二二年
圓佛公衛「富山県西部と山岡鐵舟について」『氷見春秋』第八三号、二〇二一年

小林哲也「『江戸無血開城』の諸問題――徳川慶喜・山岡鉄舟の動向を中心に――」『関東近世史研究』第九〇号、二〇二二年
岩下哲典「正受老人・白隠禅師と山岡鉄舟・高橋泥舟の関係について」大谷哲夫先生傘寿記念論集編集委員会『禅の諸展開』鳳仙学報、二〇二二年
本林義範「千葉立造と山岡鉄舟の交流について」『筆禅』第四五号、筆禅会、二〇二三年
同「明治期における真言僧釈雲照と宮内省官僚山岡鉄舟の交流――宮中「後七日御修法」再興から戒律主義結社『十善会』開設まで」『白山史学』第五九号、二〇二三年
岩下哲典「槍の泥舟、そのひととなり――荒業で挑みかかってくる相手にどう対処するか」『月刊武道』二〇二三年十二月号、日本武道館、二〇二三年

書籍

岩下哲典編著『徳川慶喜　その人と時代』岩田書院、一九九九年
河越關古『泥舟』邑心文庫、二〇〇二年
圓山牧田・平井正修『最後のサムライ　山岡鐵舟』教育評論社、二〇〇七年
阿部猛・田村貞雄編『明治期日本の光と陰』同成社、二〇〇八年
岩下哲典編著『高邁なる幕臣　高橋泥舟』教育評論社、二〇一二年
家近良樹『徳川慶喜』吉川弘文館、二〇一四年
岩下哲典『病とむきあう江戸時代』北樹出版、二〇一七年
家近良樹『西郷隆盛』ミネルヴァ書房、二〇一七年
喜多村園子『小林二郎伝』小学館スクウエア、二〇一八年

近藤定博『評伝 高橋泥舟』近藤幸子、二〇一八年
岩下哲典『江戸無血開城　本当の功労者は誰か?』吉川弘文館、二〇一九年
小倉鉄樹ほか『山岡鉄舟先生正伝　おれの師匠』筑摩書房、二〇二一年
水野靖夫『定説の検証「江戸無血開城」の真実』ブイツーソリューション、二〇二一年
山本紀久雄『江戸無血開城、通説を覆す　一枚の絵に隠された『謎』を読み解く』ベストブック、二〇二一年
大保木輝雄『剣道　その歴史と技法』ベースボール・マガジン社、二〇二二年
岩下哲典編著『「文明開化」と江戸の残像』ミネルヴァ書房、二〇二二年
喜多村園子『続　小林二郎伝』小学館スクウエア、二〇二二年
岩下哲典編『江戸無血開城の史料学』吉川弘文館、二〇二二年
樋口雄彦『明治の旧幕臣とその信仰』思文閣出版、二〇二三年

あとがき

やっと書き終えることができた。しかし、まだまだ見ていない史料がたくさんある。しかし、年齢的なこともありこの辺で幕末二舟には区切りをつけておきたかった。山岡鉄舟に関しては、現在執筆されている本林義範氏の論文に期待したい。高橋泥舟に関しては、もう少し関わりたいと思う。ただ、今、最も気になるのは勝海舟だ。なぜなら、蘭学史や幕末維新史に関心を持ったのは、中学生の時、生きることに迷っていた時に、石井孝氏が監修した勝海舟の中学生向け伝記を読んだからだった。中学以来、勝海舟は自分の生き方のお手本だった。それ故、本当の海舟の姿を知りたいと思う。和田勤氏の仕事に学びながら一書をものすることができたらと思っている。

ところで、高校生になると世界史に関心が移り、ナポレオンにも興味を持った。それで、大学の卒論では片桐一男先生のもとで江戸時代のナポレオンの伝記研究を取り上げ書くことができた。幸運なことにのちに中公新書『江戸のナポレオン伝説』になった。ただし、現在絶版である。その後、修士論文・博士論文では、徳川林政史研究所の徳川慶勝関係史料を用いて、ペリー来航予告情報と老中首座阿部正弘を取り上げた。これは雄山閣から『幕末日本の情報活動「開国」の情報史』として、二

○○○年初版、二○○八年増補改訂版、二○一八年普及版と版を重ねることができた。しかし、一般書として書いた『予告されていたペリー来航と幕末情報戦争』は二○○六年に洋泉社新書として出版したが、今は絶版になっている。絶版の二つの新書はどちらも何かの形で多くの方に手にとってもらいたいものと思っている。

それはともかく、二○○一年に『幕末日本の情報活動』で青山学院大学から博士号をいただいて、明確な研究テーマを見出し得ず、無為に時間ばかりが経過していた。そんなある日、教育評論社の小笠原智子さんから高橋泥舟の伝記を出してほしいと言われ、その気になった。藤田英昭氏や徳江靖子氏と山形県河北町の大場勇人氏の保管資料や足利学校、藤枝市郷土博物館文学館、松岡神社史料を所有する藤枝市岡部町廻沢地区、全生庵、歓喜寺、清河八郎記念館などに足を運び史料調査を行い、良質の泥舟や鉄舟、松岡萬の史料に出合うことができた。各所蔵機関に感謝申し上げる。そこで、高橋泥舟史料研究会のメンバーと史料を読み解きながら、二○一二年には『高邁なる幕臣　高橋泥舟』教育評論社や『高橋泥舟関係史料集』第一・二輯（二○一五年）など出版することができ、そこから「江戸無血開城」関係の著作（『江戸無血開城』『江戸無血開城の史料学』）に向かうことができた。

本書の随所に利用した鉄舟・泥舟の史料は、なかなか難読で、高橋泥舟史料研究会のイアン・アーシー、金澤朋香、林（岸本）萌里、毛塚万里、小林哲也、関廣好、都築博子、服部英昭、本林義範の各氏の協力でなんとか読むことができたものだ。本当に感謝である。

また、本書各章等を執筆するにあたっては、全生庵平井正修師、山岡鉄舟研究会・山本紀久雄・矢澤昌敏・水野靖夫・清水明・喜多村園子・大保木輝雄、小川鉄舟会・八木忠太郎、静岡山岡鉄舟会若杉昌敬、山岡鐵舟に学ぶ会・圓佛公衛、新湊博物館・松山充宏、藤枝市郷土博物館文学館・海野一徳、清河八郎記念館・田澤伸一・廣田幸記、歓喜寺・柳川泰善師、久留里城址資料館・平塚憲一、渡邉茂男、古津義裕、大場勇人・雅子、長瀬哲、村山晴彦、樋口雄彦、和田勤、綿間瀬武生の各氏から資料や情報の提供を受けた。記してお礼申し上げたい。なお、面倒な校正を小林哲也、本林義範氏にお願いした。

また編集部の天野葉子氏には最初から最後まで本当に御世話になった。心からお礼を申し上げたい。

二〇二三年

岩下哲典

山岡鉄舟・高橋泥舟略年譜

和暦	西暦	鉄舟	泥舟	山岡鉄舟関連事項	高橋泥舟関連事項	一般事項
天保 六	一八三五		1		2・17旗本山岡正業の二男として江戸小石川に生まれる。	
七	一八三六	1	2	6・10御蔵奉行小野朝右衛門高福の五男として江戸に生まれる。		
八	一八三七	2	3			2月大塩平八郎の乱。
一〇	一八三九	4	5			12・6水野忠邦筆頭老中に就任。
一二	一八四一	6	7			天保の改革始まる。
一四	一八四三	8	9			閏9・11阿部正弘、老中に就任。
弘化 元	一八四四	9	10	久須美閑適斎について真影流を学ぶ。		

二	一八四五	10	11	7・1父高福、飛驒高山の郡代に転任。鉄舟、父母に同行。		
三	一八四六	11	12			2・13孝明天皇即位。
嘉永元	一八四八	13	14			10・18松平忠固、老中に就任。
三	一八五〇	15	16	10月書道の師、岩佐一亭より入木道五二世を譲られ、一楽斎と号す。		
四	一八五一	16	17	9・25母磯、高山陣屋で病没。12月父の招請により北辰一刀流井上清虎、高山に到着。	高橋包承の嗣子となる。	
五	一八五二	17	18	2・27父高福、高山陣屋で病没。		6月ペリー来航予告情報第一弾「オランダ別段風説書」、長崎出島オランダ商館長から幕府に伝達される（その後、長崎奉行宛バタヴィア総督公文書、日蘭

						通商条約草案など伝達)。12月福岡藩主黒田長溥、対外建白書を提出。
六	一八五三	18	19			6・3ペリー浦賀に来航。
安政元	一八五四	19	20	山岡静山に槍術を学ぶ。		1月海防掛阿部正弘・牧野忠雅に松平忠固・松平乗全を加える。3・3日米和親条約。
二	一八五五	20	21	6月山岡静山急死。	3月包承没す。6月兄静山没す。12月御勘定となる。	
三	一八五六	21	22	講武所世話役となる。	3月講武所槍術教授方出役となる。4月井戸金兵衛と槍術試合を行う。11月槍術熟達が将軍家定の上聞に達し、新番となる。	3月江戸築地に講武所開設。8・5ハリス下田に来航。
四	一八五七	22	23		3月書院番に進む。なお教授も兼ねる。	
五	一八五八	23	24			4・23井伊直弼大老と

六	一八五九	24	25	この頃、清河八郎が結成した「虎尾の会」に発起人の一人として参加。		なる。6・19日米修好通商条約締結。7・6徳川家茂第十四代将軍に就任。9・7安政の大獄。
万延元	一八六〇	25	26	静山の妹英子と結婚。山岡家の嗣子となる。	3月槍術師範兼奥詰両番上席奥詰取締役となる。家督一〇〇俵を相続。	1・13勝海舟、福沢諭吉、中浜万次郎など咸臨丸で渡米。3・3桜田門外の変。大老井伊直弼暗殺される。
文久元	一八六一	26	27		5月清河八郎のために老中に掛け合い、その罪を問わないことにさせる。	10・15和宮江戸到着。
二	一八六二	27	28	浪士取締役となる。	12月講武所槍術師範役兼二丸留守居格布衣となる。	1・15坂下門外の変。老中安藤信正負傷。閏8・1会津藩主松平容保京都守護職となる。

三	一八六三	28	29	将軍家茂の先供として浪士組を率いて上洛も、間もなく江戸に帰る。浅利又七郎に剣を学ぶ。11月本丸御殿および二の丸御殿炎上に際して泥舟らとともに駆けつける。	一橋慶喜の差添で上京。小笠原長行と面会。2月徒頭上席に進む。3月浪士取扱に命じられる。なお師範を兼ねる。また従五位下に叙せられ伊勢守となる。作事奉行上席に進む。4月御役御免となり差控となる。11月本丸御殿および二の丸御殿炎上に際して鉄舟らとともに駆けつける。	12月一橋慶喜将軍後見職として上京。2・4清河八郎の提唱により浪士組の募集が始まる。2月将軍家茂上洛。4・13清河八郎暗殺。6・6高杉晋作奇兵隊を結成。7・2薩英戦争。
元治元	一八六四	29	30		伝通院塔頭処静院住職琳瑞和尚と出会う。7月長州征伐に反対。	3・27天狗党の乱。6・5池田屋事件。7月蛤御門の変。8・2第一次長州戦争。
慶応元	一八六五	30	31			4・19第二次長州戦争。
二	一八六六	31	32		11月講武所が廃止され陸軍所となる。講武所の槍術・	7月将軍家茂病没。8・21孝明天皇長州征

三

一八六七

32

33

剣術関係者は遊撃隊に編成される。泥舟は遊撃隊重立頭取となり、遊撃隊頭取兼槍術教授頭取となる。10・18泥舟宅からの帰り道に琳瑞和尚殺害される。10月遊撃隊頭並となる。

伐休戦の勅命を下す。12月徳川慶喜将軍となる。12・25孝明天皇崩御。1・9明治天皇践祚。9月上田藩士赤松小三郎、桐野利秋に暗殺される。10・13徳川慶喜二条城にて政権奉還の諮問を行う。10・14徳川慶喜、政権奉帰の建白を奏上。10・15明治天皇、政権奉帰を勅許。10・24徳川慶喜、朝廷に将軍職を返上。11・15坂本龍馬・中岡慎太郎が京都近江屋で見廻組士により暗殺される。12・9王政復古の大号令。

四 明治元	一八六八	33	34	3・5ころ慶喜の命を受け、3・9東征軍大参謀西郷隆盛と静岡で会見、五か条の条件を提示される。四か条を承認し、徳川家の安泰を約す。ただし、慶喜の処遇に関しては保留として、江戸に復命。4・10慶喜より、徳川家救解の「一番鎗」とされ、「来国俊」の短刀を下賜される。4・11慶喜を泥舟とともに護衛して水戸に向けて出発。4・15水戸到着。	1月遊撃隊頭となり、即日同隊軍事委任の命を受ける。2月慶喜が江戸城を出て上野寛永寺に入る際、遊撃・精鋭二隊を率いて護衛。3月大目付上席遊撃精鋭両隊惣括兼奥勤となる。このころ、慶喜に鉄舟を官軍側に派遣するよう献策。4・11徳川慶喜を護衛して寛永寺から水戸に供奉する。7月徳川家達より静岡移住希望者、政府出仕希望者、帰農希望者などの事務を取り扱う用人に任命される。12月静岡に移住。	1・3鳥羽伏見の戦い。徳川慶喜帰東。3・13勝海舟、西郷隆盛と江戸田町の薩摩藩邸で会談。4・11江戸城を尾張藩兵が接収（江戸無血開城）。5・3奥羽越列藩同盟結成。5・15上野戦争。7・17江戸を東京と改称。7月徳川慶喜、静岡に赴き宝台院にて謹慎。9月改元。
二	一八六九	34	35		1月田中奉行に任じられ、地方約八万石余りと士族一二〇〇余戸を預かる。その後、田中勤番組之頭と改め	6・17版籍奉還。

三	一八七〇	35	36	6月静岡藩権大参事に任ぜられる。	られ、大属席となる。	
四	一八七一	36	37	11月茨城県参事となる。12月伊万里県権令となる。		7・14廃藩置県。
五	一八七二	37	38	6月明治天皇侍従となる。三島龍沢寺の星定和尚について参禅。	東京に帰省し、隠遁生活に入る。「船廻荷物帳」作成。このころより泥舟を名乗る。	
六	一八七三	38	39	5・5皇居炎上、淀橋の邸より駆けつける。5月宮内少丞に任ぜられる。		10・25征韓論敗れ、西郷隆盛・板垣退助ら下野。
七	一八七四	39	40	3月西郷説得のため内勅を奉じ九州へ差し遣わされる。		
八	一八七五	40	41	4月宮内大丞となる。		
一〇	一八七七	42	43			2月西南の役。
一一	一八七八	43	44	8月竹橋騒動に御座所を守護。9月明治天皇の北陸東海地方巡幸に供奉。		5・14大久保利通暗殺。
一三	一八八〇	45	46	3・30仏暁、大悟徹底、滴水和尚の印可を受ける。剣		

				の道も無敵の極地に達し、無刀流を開く。		
一五	一八八二	47	48	3月「西郷隆盛との応接の記」を書く。6月宮内省を辞任。勅命により宮内省御用掛となる。	9月静岡藤枝でコレラ流行。泥舟、藤枝の村山家に書状を寄せて状況を問う。	
一六	一八八三	48	49	普門山全生庵を谷中に建立。清水に久能寺（鉄舟寺）の建立を発願。	長野県渋温泉訪問。	
一七	一八八四	49	50	5月白隠禅師の正宗国師号宣下に尽力。		7・7華族令制定。
一八	一八八五	50	51		山梨県訪問。	
二〇	一八八七	52	53	5月華族に列せられ子爵を授けられる。	4月泥舟、四男偏通の病気を村山家に報告。	
二一	一八八八	53	54	7・19没。坐禅のまま大往生を遂げる。7・22谷中全生庵に埋葬。		
二二	一八八九		55		9月～11月山形県各地を訪問。長谷寺に滞在。最上川を下り清川村歓喜寺の清河	

				八郎の墓を拝する。	
二四	一八九一		57	長野県を漫遊。高野大太郎に出会う。	
二六	一八九三		59	伊豆地方を訪問。	
二七	一八九四		60	8～10月岐阜県飛驒高山にて山岡鉄舟七回忌法要に参加。日清戦争の報に接する。	8・1日清戦争。
二八	一八九五		61	樋口真彦・藤澤南岳と教育に関して献策。のち「聖勅奉読私記」献上に尽力。岩手・宮城・福島訪問。	
二九	一八九六		62	9～11月山形県各地訪問。山梨・京都訪問。	
三〇	一八九七		63		
三一	一八九八		64	岡山県を訪問。	
三五	一九〇二		68	12・7徳川慶喜叙爵祝賀会に出席。賀歌を披露。	1・30日英同盟。
三六	一九〇三		69	2・13没。墓地は谷中大雄寺。	

人名索引

あ　行

か　行

さ　行

た　行

な　行

は　行

ま　行

や　行

ら　行

事項索引

あ 行

か 行

さ 行

た 行

な 行

は 行

ま 行

や 行

ら 行

《著者紹介》

岩下哲典（いわした・てつのり）

1962年　長野県塩尻市「たのめの里」生まれ。

1994年　青山学院大学大学院文学研究科博士後期課程満期退学。

2001年　博士（歴史学，青山学院大学）。

徳川黎明会総務部学芸員，国立歴史民俗博物館客員助教授，明海大学ホスピタリティ・ツーリズム学部教授などを経て，
現　在　東洋大学文学部史学科・大学院文学研究科史学専攻教授。

著　書　『徳川慶喜　その人と時代』岩田書院，1999年。

『予告されていたペリー来航と幕末情報戦争』洋泉社，2006年。

『普及版　幕末日本の情報活動』雄山閣，2018年。

『江戸無血開城』吉川弘文館，2018年。

『ゴローヴニン事件　ロシア海軍少尉ムールの苦悩』（共著），右文書院，2021年。

『「文明開化」と江戸の残像』（編著），ミネルヴァ書房，2022年ほか。

ミネルヴァ日本評伝選
山岡《やまおか》鉄舟《てっしゅう》・高橋《たかはし》泥舟《でいしゅう》
——もとの姿はかわらざりけり——

2023年８月10日　初版第１刷発行　〈検印省略〉
2024年２月20日　初版第２刷発行

定価はカバーに
表示しています

著　者　岩　下　哲　典
発行者　杉　田　啓　三
印刷者　江　戸　孝　典

発行所　株式会社　ミネルヴァ書房
607-8494 京都市山科区日ノ岡堤谷町１
電話代表（075）581-5191
振替口座 01020-0-8076

共同印刷工業・新生製本

ISBN978-4-623-09578-0
Printed in Japan

刊行のことば

歴史を動かすものは人間であり、興趣に富んだ人間の動きを通じて、世の移り変わりを考えるのは、歴史に接する醍醐味である。

しかし過去の歴史学を顧みるとき、人間不在という批判さえ見られたように、歴史における人間のすがたが、必ずしも十分に描かれてきたとはいえない。二十一世紀を迎えた今、歴史の中の人物像を蘇生させようとの要請はいよいよ強く、またそのための条件もしだいに熟してきている。

この「ミネルヴァ日本評伝選」は、正確な史実に基づいて書かれるのはいうまでもないが、単に経歴の羅列にとどまらず、歴史を動かしてきたすぐれた個性をいきいきとよみがえらせたいと考える。そのためには、対象とした人物とじっくりと対話し、ときにはきびしく対決していくことも必要になるだろう。

今日の歴史学が直面している困難の一つに、研究の過度の細分化、瑣末化が挙げられる。それは緻密さを求めるが故に陥った弊害といえるが、その結果として、歴史の大きな見通しが失われ、歴史学を通しての社会への働きかけの途が閉ざされ、人々の歴史への関心を弱める危険性がある。今こそ歴史が何のためにあるのかという、基本的な課題に応える必要があろう。評伝という興味ある方法を通じて、解決の手がかりを見出せないだろうかというのも、この企画の一つのねらいである。

狭義の歴史学の研究者だけでなく、多くの分野ですぐれた業績をあげている著者たちを迎えて、従来見られなかった規模の大きな人物史の叢書として、「ミネルヴァ日本評伝選」の刊行を開始したい。

平成十五年（二〇〇三）九月

ミネルヴァ書房

ミネルヴァ日本評伝選

上代

*俾弥呼　古田武彦
日本武尊　西宮秀紀
*仁徳天皇　若井敏明
雄略天皇　吉村武彦
継体天皇　若井敏明
*蘇我氏四代　遠山美都男
*推古天皇　義江明子
聖徳太子　仁藤敦史
斉明天皇　武田佐知子
*小野妹子・毛人　大橋信弥
*額田王　梶川信行
弘文天皇　遠山美都男
持統天皇　丸山裕美子
阿倍比羅夫　熊田亮介
*藤原四子　木本好信
役小角　脊古真哉
*柿本人麿　古橋信孝
*元明天皇・元正天皇　渡部育子
聖武天皇　本郷真紹
光明皇后　寺崎保広
*孝謙・称徳天皇　勝浦令子
藤原不比等　荒木敏夫
橘諸兄・奈良麻呂　遠山美都男
吉備真備　今津勝紀
*藤原仲麻呂　木本好信
道鏡　吉川真司
*藤原種継　木本好信
*行基　吉田靖雄

平安

*桓武天皇　井上満郎
嵯峨天皇　西別府元日
宇多天皇　古藤真平
醍醐天皇　石上英一
村上天皇　京樂真帆子
花山天皇　上島享
*三条天皇　倉本一宏
藤原薬子　中野渡俊治
*藤原良房・基経　瀧浪貞子
*紀貫之　神田龍身
*安倍晴明　斎藤英喜
*藤原道長　朧谷寿
*藤原伊周・隆家　倉本一宏
藤原定子　山本淳子
*藤原彰子　朧谷寿
藤原頼通　末松剛
紫式部　高木和子
清少納言　三田村雅子
和泉式部　ツベタナ・クリステワ
大江匡房　小峯和明
*阿弖流為　樋口知志
坂上田村麻呂　熊谷公男
*源満仲・頼光　元木泰雄
平将門　西山良平
*藤原純友　寺内浩
源義家　大津雄一
最澄　吉田一彦
空海　武内孝善
円珍　岡野浩二
*空也　石井義長
奝然　上川通夫
*源信　小原仁
慶滋保胤　吉原浩人
安倍貞任　野中哲照
*後白河天皇　美川圭
*式子内親王　奥野陽子
建礼門院　生形貴重
藤原頼長・師長　樋口健太郎
*藤原秀衡　入間田宣夫
平時子・時忠　元木泰雄
平維盛　根井浄
木曾義仲　樋口州男
守覚法親王　阿部泰郎
藤原隆信・信実　山本陽子

鎌倉

*源頼朝　川合康
*源義経　近藤好和
源実朝　神田龍身
*九条兼実　加納重文
九条道家　上横手雅敬
*北条時政　野口実
*熊谷直実　佐伯真一
*北条政子　関幸彦
*北条義時　岡田清一
曾我十郎・五郎　杉橋隆夫
後鳥羽天皇　兵藤裕己
北条時頼　山本隆志
北条時宗　近藤成一
平頼綱　細川重男
竹崎季長　堀本一繁
西行　西澤美仁
鴨長明　浅見和彦
藤原定家　赤瀬信吾
*京極為兼　今谷明
*兼好　島内裕子
重源　横内裕人
*運慶　根立研介
快慶　井上一稔
法然　今堀太逸
*栄西　中尾良信
明恵　西山厚
*親鸞　末木文美士
恵信尼・覚信尼　西口順子
覚如　今井雅晴
*道元　船岡誠
叡尊　細川涼一
*忍性　松尾剛次
*日蓮　佐藤弘夫
一遍　蒲池勢至
夢窓疎石　原田正俊
*宗峰妙超　竹貫元勝

南北朝・室町

後醍醐天皇　上横手雅敬
*護良親王　新井孝重
*懐良親王　森茂暁

＊赤松氏五代　渡邊大門
＊北畠親房　岡野友彦
楠正成　兵藤裕己
＊楠木正行・正儀　生駒孝臣
＊新田義貞　山本隆志
＊光厳天皇　深津睦夫
足利尊氏　市沢　哲
＊足利直義　亀田俊和
佐々木道誉　下坂　守
細川頼之　亀田俊和
円観・文観　田中貴子
足利義詮　早島大祐
＊足利義持　吉田賢司
足利義教　秦野裕介
足利持氏　植田真平
足利義政　木下昌規
三条西実隆　前田雅之
＊日野富子　田端泰子
＊大内義弘　平瀬直樹
伏見宮貞成親王　松薗　斉
＊山名宗全　山本隆志
細川勝元・政元　古野　貢
畠山義就　呉座勇一
足利成氏　阿部能久
世阿弥　西野春雄
雪舟等楊　河合正朝
宗祇　鶴崎裕雄
一条兼良　田村　航
＊満済　森　茂暁
一休宗純　原田正俊
蓮如　岡村喜史

戦国・織豊

北条早雲　家永遵嗣
＊北条氏綱　黒田基樹
＊北条氏政　黒田基樹
＊大内義隆　藤井　崇
＊斎藤氏四代　木下　聡
＊毛利元就　岸田裕之
＊毛利輝元　光成準治
＊小早川隆景・秀秋　光成準治
＊六角定頼　村井祐樹
＊今川義元　小和田哲男
＊武田信玄　笹本正治
＊武田勝頼　笹本正治
＊真田氏三代　笹本正治
＊三好長慶　天野忠幸
松永久秀　天野忠幸
＊宇喜多直家・秀家　渡邊大門
＊上杉謙信　矢田俊文
＊大友義鎮　鹿毛敏夫
島津義久・義弘　福島金治
細川幽斎　鈴木　元
＊長宗我部元親・盛親　平井上総
＊最上氏三代　松尾剛次
浅井長政　長谷川裕子
蠣崎・松前氏五代　新藤　透
吉田兼倶　西山　克
山科言継　松薗　斉
正親町天皇・後陽成天皇　神田裕理
＊雪村周継　赤澤英二
＊足利義輝・義昭　山田康弘
織田信長　三鬼清一郎
織田長益　八尾嘉男
織田信雄　柴　裕之
＊明智光秀・秀満　小和田哲男
豊臣秀吉　藤井讓治
豊臣秀次　矢部健太郎
＊北政所おね　田端泰子
＊淀殿　福田千鶴
筒井氏三代　片山正彦
蜂須賀正勝・家政　三宅正浩
前田利家　東四柳史明
＊山内一豊・忠義　長屋隆幸
＊黒田如水　小和田哲男
＊蒲生氏郷　藤田達生
大谷吉継　石畑匡基
石田三成　堀越祐一
＊細川ガラシャ　田端泰子
＊支倉常長　田中英道
千利休　熊倉功夫
＊長谷川等伯　宮島新一
＊顕如　神田千里
教如　安藤　弥

江戸

＊徳川家康　笠谷和比古
板倉勝重　谷　徹也
本多忠勝　柴　裕之
本多正純　小川　雄
柳生宗矩　福田千鶴
＊徳川家光　野村　玄
柳沢吉保　福留真紀
徳川吉宗　横田冬彦
＊後水尾天皇　久保貴子
＊光格天皇　藤田　覚
＊春日局　福田千鶴
宮本武蔵　渡邊大門
上杉鷹山　小関悠一郎
＊池田光政　倉地克直
保科正之　八木清治
シャクシャイン　岩崎奈緒子
＊田沼意次　藤田　覚
細川重賢　安高啓明
松平治郷　小林准士
＊二宮尊徳　小林惟司
末次平蔵　岡美穂子
＊高田屋嘉兵衛　生田美智子
沢庵宗彭　芳澤　元
＊林羅山　鈴木健一
吉野太夫　渡辺憲司
＊熊沢蕃山　川口　浩
＊山崎闇斎　澤井啓一
山鹿素行　前田　勉
＊北村季吟　島内景二
＊伊藤仁斎　澤井啓一
貝原益軒　辻本雅史
関孝和　佐藤賢一
＊ケンペル　B・M・ボダルト＝ベイリー
新井白石　大川　真
＊雨森芳洲　上田正昭
＊石田梅岩　高野秀晴
白隠慧鶴　芳澤勝弘
前野良沢　松田　清
平賀源内　石上　敏
本居宣長　田尻祐一郎
杉田玄白　吉田　忠
木村蒹葭堂　有坂道子
＊大田南畝　沓掛良彦
菅江真澄　赤坂憲雄
＊鶴屋南北　諏訪春雄
＊山東京伝　佐藤至子
＊滝沢馬琴　高田　衛
平田篤胤　山下久夫
国友一貫斎　太田浩司
シーボルト　宮坂正英
本阿弥光悦　岡　佳子
＊狩野探幽・山雪　山下善也
尾形光琳・乾山　河野元昭
＊二代目市川團十郎　田口章子
伊藤若冲　狩野博幸
＊浦上玉堂　高橋博巳
＊佐竹曙山　成瀬不二雄
葛飾北斎　岸　文和
酒井抱一　玉蟲敏子
孝明天皇　青山忠正
＊和宮　辻ミチ子
徳川慶喜　大庭邦彦
島津斉彬　原口　泉
＊横井小楠　沖田行司
＊古賀謹一郎　小野寺龍太
＊永井尚志　高村直助
＊岩瀬忠震　小野寺龍太

＊栗本鋤雲　小野寺龍太
＊大村益次郎　竹本知行
岩倉具視　斎藤紅葉
河井継之助　小川和也
松平春嶽　大石学
＊西郷隆盛　家近良樹
＊由利公正　角鹿尚計
＊橋本左内　角鹿尚計
＊塚本明毅　塚本学
松平容保　白石烈
＊山岡鉄舟・高橋泥舟　岩下哲典
三条実美　奈良勝司
毛利敬親　三宅紹宣
＊月性　海原徹
＊吉田松陰　海原徹
＊高杉晋作　海原徹
＊久坂玄瑞　一坂太郎
ペリー　遠藤泰生
ハリス　福岡万里子
オールコック　佐野真由子
アーネスト・サトウ　奈良岡聰智

近代

＊明治天皇　伊藤之雄
＊大正天皇　F・R・ディキンソン
＊昭憲皇太后・貞明皇后　小田部雄次
大久保利通　三谷太一郎
木戸孝允　落合弘樹
井上馨　伊藤之雄

＊松方正義　室山義正
榎本武揚　醍醐龍馬
北垣国道　小林丈広
板垣退助　小川原正道
長与専斎　笠原英彦
大隈重信　五百旗頭薫
伊藤博文　坂本一登
井上毅　大石眞
＊井上勝　老川慶喜
三浦梧楼　大澤博明
＊桂太郎　小林道彦
東郷平八郎　金澤裕之
＊渡邉洪基　瀧井一博
＊乃木希典　佐々木英昭
星亨　小林道彦
林董　奈良岡聰智
＊児玉源太郎　小林道彦
＊高宗・閔妃　木村幹
山本権兵衛　室山義正
＊金子堅太郎　松村正義
高橋是清　鈴木俊夫
小村寿太郎　簑原俊洋
＊犬養毅　小林惟司
原敬　季武嘉也
＊加藤高明　櫻井良樹
牧野伸顕　小宮一夫
田中義一　黒沢文貴
内田康哉　高橋勝浩
平沼騏一郎　堀田慎一郎
＊鈴木貫太郎　小堀桂一郎
宇垣一成　北岡伸一
＊宮崎滔天　榎本泰子
＊浜口雄幸　川田稔

幣原喜重郎　西田敏宏
関一　玉井金五
水野広徳　片山慶隆
＊広田弘毅　井上寿一
安重根　上垣外憲一
＊グルー　廣部泉
＊永田鉄山　森靖夫
東條英機　牛村圭
今村均　前田雅之
蒋介石　劉岸偉
近衛文麿　庄司潤一郎
＊岩崎弥太郎　武田晴人
伊藤忠兵衛　末永國紀
＊五代友厚　田付茉莉子
大倉喜八郎　村上勝彦
＊安田善次郎　由井常彦
＊渋沢栄一　武田晴人
中野武営　佐賀香織
山辺丈夫　宮本又郎
＊大川平三郎　四方田雅史
武藤山治　阿部武司・桑原哲也
池田成彬　松浦正孝
西原亀三　森川正則
小林一三　橋爪紳也
大倉恒吉　石川健次郎
大原孫三郎　猪木武徳
＊河竹黙阿弥　今尾哲也
イザベラ・バード　加納孝代
小泉八雲　斎藤英喜
＊林忠正　木々康子
＊森鷗外　小堀桂一郎

＊二葉亭四迷　ヨコタ村上孝之
＊正岡子規　井上泰至
＊夏目漱石　佐々木英昭
＊徳冨蘆花　半藤英明
巌谷小波　千葉信胤
樋口一葉　佐伯順子
＊島崎藤村　十川信介
上田敏　小林茂
＊有島武郎　亀井俊介
志賀直哉　小林幸夫
北原白秋　平石典子
菊池寛　山本芳明
芥川龍之介　髙橋龍夫
＊宮沢賢治　千葉一幹
高浜虚子　坪内稔典
与謝野晶子　佐伯順子
＊種田山頭火　村上護
＊斎藤茂吉　品田悦一
＊高村光太郎　湯原かの子
石川啄木　先崎彰容
＊原阿佐緒　秋山佐和子
＊狩野芳崖・高橋由一　古田亮
川村清雄　落合則子
＊小堀鞆音　小堀桂一郎
竹内栖鳳　北澤憲昭
黒田清輝　高階秀爾
中村不折　石川九楊
横山大観　高階秀爾
＊橋本関雪　西原大輔
土田麦僊　天野一夫
岸田劉生　北澤憲昭
濱田庄司　濱田琢司

＊山田耕筰　後藤暢子
松旭斎天勝　川添裕
中山みき　鎌田東二
佐田介石　谷川穣
＊ニコライ　中村健之介
＊出口なお・王仁三郎　川村邦光
＊新島襄　太田雄三
新島八重　佐伯順子
木下広次　冨岡勝
山川健次郎　小宮京・中澤俊輔
嘉納治五郎　クリストファー・スピルマン
＊柏木義円　片野真佐子
津田梅子　田中智子
＊澤柳政太郎　新田義之
＊河口慧海　高山龍三
＊山室軍平　室田保夫
大谷光瑞　白須淨眞
＊久米邦武　高田誠二
フェノロサ　伊藤豊
井上哲次郎　井ノ口哲也
三宅雪嶺　長妻三佐雄
＊岡倉天心　木下長宏
志賀重昂　中野目徹
徳富蘇峰　杉原志啓
＊竹越与三郎　西田毅
内藤湖南・桑原隲蔵　礪波護
＊廣池千九郎　橋本富太郎
岩村透　今橋映子
＊西田幾多郎　大橋良介

*金沢庄三郎　石川遼子
*柳田国男　鶴見太郎
厨川白村　張　競
*村岡典嗣　水野雄司
大川周明　山内昌之
西田直二郎　林　淳
*折口信夫　斎藤英喜
九鬼周造　古川雄嗣
三木　清　杉山直樹
シュタイン　瀧井一博
*西　周　清水多吉
*福澤諭吉　平山　洋
加藤弘之　田中由香里
成島柳北　山田俊治
福地桜痴　山田俊治
*村山龍平　早房長治
*島田三郎　武藤秀太郎
田口卯吉　鈴木栄樹
*陸　羯南　松田宏一郎
有賀長雄　森田吉彦
*黒岩涙香　奥　武則
幸徳秋水　馬渕浩二
長谷川如是閑　織田健志
*上杉慎吉　今野　元
*吉野作造　田澤晴子
*山川　均　米原　謙
*岩波茂雄　十重田裕一
*北　一輝　岡本幸治
*穂積重遠　大村敦志
中野正剛　吉田則昭
*荒畑寒村　川村邦光
*満川亀太郎　福家崇洋
*エドモンド・モレル　林田治男

*北里柴三郎　福田眞人
高峰譲吉　木村昌人
田辺朔郎　秋元せき
*南方熊楠　飯倉照平
*辰野金吾　河上眞理・清水重敦
*七代目小川治兵衛　尼崎博正
本多静六　岡本貴久子
*ブルーノ・タウト　北村昌史
*ウィリアム・メレル・ヴォーリズ　山形政昭・吉田与志也

現代

昭和天皇　御厨　貴
高松宮宣仁親王　後藤致人
*李方子　小田部雄次
芦田　均　矢嶋　光
吉田　茂　中西　寛
マッカーサー　柴山　太
鳩山一郎　楠　綾子
*石橋湛山　増田　弘
重光　葵　武田知己
*市川房枝　村井良太
*池田勇人　藤井信幸
高野　実　篠田　徹
和田博雄　庄司俊作
ライシャワー　廣部　泉
朴正熙　木村　幹
全斗煥　木村　幹

*田中角栄　新川敏光
宮沢喜一　村上友章
竹下　登　真渕　勝
*松永安左エ門　橘川武郎
鮎川義介　井口治夫
*出光佐三　橘川武郎
*松下幸之助　米倉誠一郎
渋沢敬三　井上　潤
*本田宗一郎　伊丹敬之
*井深　大　武田　徹
*佐治敬三　小玉　武
幸田家の人々　金井景子
*正宗白鳥　大嶋　仁
*大佛次郎　福島行一
井伏鱒二　滝口明祥
*川端康成　大久保喬樹
*薩摩治郎八　小林　茂
坂口安吾　千葉一幹
太宰　治　安藤　宏
松本清張　杉原志啓
司馬遼太郎　山本幸正
安部公房　鳥羽耕史
*三島由紀夫　島内景二
井上ひさし　成田龍一
R・H・ブライス　菅原克也
柳　宗悦　熊倉功夫
バーナード・リーチ　鈴木禎宏
*熊谷守一　古川秀昭
川端龍子　岡部昌幸
藤田嗣治　林　洋子

*井上有一　海上雅臣
*手塚治虫　竹内オサム
*古賀政男　藍川由美
*吉田　正　金子　勇
*武満　徹　船山　隆
*八代目坂東三津五郎　田口章子
*力道山　岡村正史
*西田天香　宮田昌明
安倍能成　中根隆行
サンソム夫妻　平川祐弘・牧野陽子
*天野貞祐　貝塚茂樹
和辻哲郎　田中久文
*矢代幸雄　稲賀繁美
石田幹之助　岡本さえ
*平泉　澄　若井敏明
*早川孝太郎　須藤　功
安岡正篤　片山杜秀
*青山二郎　田野　勲
*島田謹二　小林信行
田中美知太郎　川久保剛
西脇順三郎　加藤孝男
前嶋信次　杉田英明
*唐木順三　澤村修治
*亀井勝一郎　山本直人
*宮本常一　須藤　功
知里真志保　モコットゥナシ
竹内　好　田澤晴子
*保田與重郎　谷崎昭男
*石母田正　磯前順一
*福田恆存　川久保剛
井筒俊彦　安藤礼二

*吉田　満　貝塚茂樹
*佐々木惣一　伊藤孝夫
高田保馬　金子　勇
小泉信三　都倉武之
*瀧川幸辰　伊藤孝夫
式場隆三郎　服部　正
大宅壮一　有馬　学
*清水幾太郎　庄司武史
*山本健吉　井上泰至
鶴見俊輔　冨山一郎
*フランク・ロイド・ライト　大久保美春
*中谷宇吉郎　杉山滋郎
今西錦司　山極寿一

*は既刊
二〇二四年二月現在